Simone Lentes
Ganzheitliche Sprachförderung

Simone Lentes, geb. Neumann, Diplom-Pädagogin, Lehramtsexamen für Sonderpädagogik, arbeitet an einer Förderschule in Mülheim und hat im Eigenverlag einen Test zur Überprüfung sprachlicher und sensomotorischer Fähigkeiten von Kindern herausgebracht („Unterwegs mit dem kleinen Zauberer").

Peter Thiesen, Diplom-Sozialpädagoge, ist Dozent an der Fachschule für Sozialpädagogik in Lübeck und hat sich als Autor und Herausgeber von Standardwerden zur Spiel- und Sozialpädagogik einen Namen gemacht.

Simone Lentes

Ganzheitliche Sprachförderung

Ein Praxisbuch für Kindergarten, Schule und Frühförderung

Herausgegeben von Peter Thiesen
2., erweiterte Auflage

Ihre Wünsche, Kritiken und Fragen richten Sie bitte an:
Cornelsen Verlag Scriptor, Redaktion Frühe Kindheit,
Willy-Brandt-Platz 6, 68161 Mannheim

Ihre Bestellungen und Anfragen richten Sie bitte an:
Marketing, 14328 Berlin, Cornelsen Service Center,
Servicetelefon 030 / 89 785 89 29

ISBN 978-3-589-25345-6

Redaktionsleiterin: Ulrike Bazlen, Mannheim
Lektorat: Richard Grübling, Weinheim
Herstellung: Anja Kuhne, Weinheim; Erik Störmer, Mannheim
Satz: WMTP, Birkenau
Druck und Bindung: Druckhaus „Thomas Müntzer", Bad Langensalza
Umschlaggestaltung: Claudia Adam Graphik-Design, Darmstadt
Titelfotografie: Corbis, Düsseldorf
Illustrationen: Simone Lentes, Essen

Printed in Germany

Weitere Informationen finden Sie im Internet unter
www.cornelsen.de

Inhaltsverzeichnis

Bewegungsspiele

Sprachförderung planen – aber wie?

Vorwort des Herausgebers

Den Zusammenhang zwischen Sprachbeherrschung und Lebenserfolg wird wohl kaum jemand in Frage stellen. In der Grundschule gehört die Übung sprachlicher Fähigkeiten zu den bedeutendsten Zielen des Unterrichts. Die sprachliche Ausdrucksfähigkeit ist für den Lehrer ein wichtiges Merkmal kindlicher Leistungen. Je häufiger und flüssiger ein Kind sich äußern kann, umso besser werden seine Leistungen bewertet.

Bereits im Kindergarten gehört es zu den vordringlichen Aufgaben der Erzieherin, das Sprachvermögen der Kinder möglichst individuell zu fördern. Spiele bieten hierbei hervorragende Möglichkeiten zu freier Kommunikation. Sie unterliegen nicht der ständigen Bewertung, wie sie sonst in der Schule stattfindet, sollten aber dennoch verstärkt gerade von Lehrern als didaktisches Mittel eingesetzt werden.

Je nach Art und Form eines Spiels, können Kinder vor, während und nach dem Spiel ihre Sprache im Umgang mit Spielpartnern und Spielleitern (Eltern oder Pädagogen) gebrauchen. Dies geschieht z.B., indem Spielregeln besprochen, mögliche Vorgehensweisen geplant oder eigene Ideen den anderen durch Sprache verständlich gemacht werden.

Die Kinder müssen ihre Vorstellungen und Handlungen verbal begründen und auf Argumente eingehen, um mit anderen sinnvoll kommunizieren zu können. Zum einen erlebt das Kind im aktuellen Spiel die Sprache als Mittel zur Problemlösung, gleichzeitig wird manches Spiel selbst zum Gegenstand von Gesprächen. Eigenes Verhalten im Spiel wird durch die sprachliche Reflexion dem Gegenüber zugänglich gemacht, was wiederum sprachliche Denkprozesse auslöst. Das Kind erfährt spielerisch die Ebenen von logischem Denken, Fantasie, Sprechen und (oft kreativem) Handeln in konkreten Situationen.

Das vorliegende Buch informiert kompakt über die Möglichkeiten ganzheitlicher Sprachförderung in Kindergarten und Grundschule. Es macht die Zusammenhänge zwischen Wahrnehmung und Sprache deutlich und bietet mehr als 200 konkrete Spiel- und Übungsvorschläge für die tägliche Praxis. Die Arbeits- bzw. Spielblätter mit ihren materiell wahrnehmbaren Zeichen und Bildern sind für den Erwerb von Sprache sehr förderlich. Der kindgerechten Form des spielenden Lernens wird diese Praxishilfe in besonderer Weise gerecht, indem sie auch zeigt, dass Sprachförderung viel Spaß machen kann.

Peter Thiesen

Zur zweiten, erweiterten Auflage

In Ihren Händen halten Sie die umsichtig erweiterte zweite Auflage des Arbeitsbuches zur »Ganzheitlichen Sprachförderung«, das in Fachkreisen innerhalb kürzester Zeit sehr positiv aufgenommen wurde.

Um die Qualität und den Gebrauchswert des Buches weiter zu erhöhen, zeigt Simone Lentes zusätzliche Förderangebote in den Bereichen »kommunikative Fähigkeiten« und »Wortschatzerweiterung« auf. Einmal mehr macht die erweiterte Auflage deutlich, dass nichts so sehr die geistigen Fähigkeiten eines Kindes prägt, wie die Sprache. Alle Sinnes- und Gedächtnisleistungen werden kommunikativ miteinander verwoben. Bei der Wortschatzerweiterung, also dem »Wachsen der Sprache«, dem Entdecken, Verallgemeinern und Ordnen von Gesetzmäßigkeiten, beginnen Kinder von sich aus zu suchen, zu schauen und zu vergleichen. Die Angebote der Autorin helfen, diesen Entwicklungsprozess zielgerichtet, kindgemäß und praxisnah zu unterstützen. In seiner vorliegenden Fassung ist das Buch eine unverzichtbare Handreichung für alle Pädagoginnen und Pädagogen, die in Kindergarten, Frühförderung und Schule tätig sind.

Lübeck im Frühjahr 2004   Peter Thiesen

Einleitung

Die Sprachentwicklung eines Kindes ist unmittelbar mit der Entwicklung der Wahrnehmung, der Motorik, des Denkens und des sozial-emotionalen Erlebnisbereiches verbunden. Aus Gründen der Übersicht und im Sinne einer gezielten Förderung sind die Bereiche Wahrnehmung, Sprache und Bewegung in verschiedene Kapitel unterteilt. Dies soll nicht zur Annahme verleiten, dass diese Bereiche getrennt voneinander verlaufen. Im Gegenteil: Wahrnehmung, Sprache und Bewegung sind im Entwicklungsprozess eng miteinander verknüpft. Die Verknüpfung dieser drei Bereiche wird im Verlauf der theoretischen Grundlagen weiter ausgeführt.

Als Sprachtherapeutin geht es mir in erster Linie um eine Sprachförderung aller Kinder, und zwar auch im Sinne vorbeugender Maßnahmen.

Dieses Buch setzt auf eine *allgemeine Sprachförderung*, um alltägliche Anforderungen zu bestehen, um soziale Kontakte aufrechtzuerhalten und um schulischen Erfolg zu sichern.

Was bedeutet eine ganzheitliche Sprachförderung? Setzt man dem Begriff der Ganzheitlichkeit den Begriff der Isolierung entgegen, so wird deutlich, wie die Förderung nach einer ganzheitlichen Sprachförderung zu verstehen ist. Es soll nicht die beeinträchtigte Sprache des Kindes im Vordergrund stehen, sondern das ganze Kind. Viel zu oft wird die Sprachproduktion des Kindes in den Vordergrund gerückt. Sie ist das, was an der Oberfläche sichtbar (bzw. hörbar) ist. Der Ansatz der Ganzheitlichkeit beschäftigt sich nicht nur mit einem Teil, sondern versucht sich dem Ganzen zu nähern. Er versucht Sprache nicht über bloßes Üben, sondern über Handeln, über das Spiel, über die Bewegung oder über die Wahrnehmung erfahrbar zu machen.

Eine Sprachförderung muss zum Beispiel auch den Gefühlszustand des Kindes (ist es traurig, wütend?), sein Temperament (ist es ruhig, aufbrausend etc.) und die zwischenmenschliche Beziehung (in welcher Beziehung steht das Kind zu mir?) berücksichtigen. Wichtig ist es demnach, Interesse für die Probleme des Kindes zu haben, was keineswegs verständlich ist. Es bedeutet, bereit zu sein, Zeit mit dem Kind zu verbringen. Zeit zum Spielen, Zeit zum Zuhören und Zeit zum Lernen. Das Buch ersetzt keine sprachtherapeutische Behandlung, unterstützt und hilft aber PädagogInnen und Eltern als begleitende Maßnahme. SprachtherapeutInnen und SonderpädagogInnen möchte es auch Anregungen für die individuelle Förderung in der Therapie anbieten.

Nicht zuletzt möchte das Buch die Freude an der Sprache vermitteln. Im spielerischen Umgang lernt das Kind am besten, neue Wörter zu verstehen, sie richtig auszusprechen und Sätze zu bilden.

Es kommt nicht darauf an, dass »Ihr« Kind sofort perfekt spricht, sondern dass es durch den täglichen Umgang mit der Sprache diese im Spiel allmählich vervollkommnet. In diesem Sinn sollen auch die Arbeitsblätter bzw. »Spielblätter« verstanden werden. Begeisterung ist der Schlüssel zum Lernerfolg, der nicht durch äußeren Druck zu Stande kommt, sondern durch die kindliche Neugier, die es zu wecken gilt.

Die *Arbeitsblätter* in diesem Buch dürfen kopiert werden.

Sprachförderung: Theoretische Grundlagen

Über die Bedeutung der Sprache für den Menschen

Der Beschreibung über die Bedeutung der Sprache für den Menschen müsste eine Definition des Begriffes der Sprache vorausgehen. Die Schwierigkeit liegt darin, dass der Begriff Sprache, je nach wissenschaftlichem Ansatz, anders beleuchtet wird. Die Frage »Was ist Sprache?« wird von Linguisten, Psychologen, Soziologen, Medizinern, Pädagogen und Philosophen beantwortet. Sie beschreiben Sprache entsprechend ihrem wissenschaftlichen Ansatz, wobei es inhaltliche Überschneidungen gibt. Der Linguist versteht Sprache als ein abstraktes System von Zeichen, der Psychologe sieht Sprache zum Beispiel in Verbindung mit kognitiven Funktionen und der Soziologe untersucht die Wechselwirkung von Sprache und Gesellschaft. Es wird deutlich, wie unterschiedlich die Ansätze sind und wie schwierig es ist, eine einheitliche Definition zu finden. Vielleicht stellen Sie sich Sprache als einen ganzen Kuchen vor, wobei die einzelnen Kuchenstücke die jeweiligen theoretischen Ansätze darstellen. Zusammen ergeben die Stücke ein Ganzes. Ein Beispiel hierfür wären linguistische und kommunikative Ansätze, denn so wie die Linguistik die Sprache als abstraktes System betrachtet, so ist die Kommunikation die dynamische Anwendung dieses Systems. Gerade mit dieser dynamischen Anwendung befasst sich dieses Buch – und zwar ganz konkret. Die Pädagogik vor allem die Sprachheilpädagogik, interessiert »die Sprache als Kommunikationsmittel, mit dem Menschen sich mitteilen und durch Wort und Schrift Kontakte unterhalten. (…) Die Sprache ist das Bindemittel, sie stellt den Sozialkontakt zwischen den Völkern her.« (Ruge 1976, S. 42f.) Mit dieser Aussage erhält die Bedeutung von Sprache und Kommunikation einen hohen Stellenwert für das Leben des Menschen. Die Vermittlung von Informationen, Gefühlen, Bedürfnissen und Erfahrungen setzt die Fähigkeit der Sprache in all ihren Komponenten voraus. Eine Einschränkung der Sprachfähigkeit wirkt sich darum hemmend auf das Zusammenleben und das Selbstbild aus.

Sprachförderung vor diesem Hintergrund will erreichen, dass Kinder kommunikationsfähig werden. Fähig, Inhalte ihres Bewusstseins mit Worten zu füllen. Nicht auch zuletzt, weil Sprachkompetenz und Kommunikationsfähigkeit wichtige Voraussetzungen für die Bewältigung des privaten und öffentlichen Lebens sind. Bei Sprachförderung geht es nicht in erster Linie um eine saubere Aussprache oder absolut einwandfreie Grammatik, sondern sie versteht sich als integrierter Bestandteil einer erfolgreichen persönlichen Entwicklung.

Die Sprachentwicklung und ihre Störungen

Nach der Geburt bestehen die ersten stimmlichen Äußerungen des Kindes aus Reflexschreien. Sie sind Ausdruck von Lust, Unlust, Schmerz und Hunger. Ungefähr im zweiten Monat setzt die so genannte Lallperiode ein, in der das Kind erste Vokale und Konsonanten, aber auch andere Geräusche (Schmatzen, Schnalzen), produziert. Damit trainiert es unbewusst seine Artikulationsorgane.

Vor dem ersten Lebensjahr: Lallperiode

Sprechen Sie mit Ihrem Kind, summen Sie ihm Lieder vor, reagieren Sie auf seine Äußerungen. Nimmt die Mutter kindliche Lautäußerungen auf und wiederholt diese, findet schon im Vorfeld der sprachlichen Entwicklung eine Interaktion statt.

Ungefähr ab dem achten Lebensmonat beginnt es, seinen Bezugspersonen aufmerksam zuzuhören und ihre Äußerungen nachzuahmen (Echolalie). »Mama« und »Papa« sind oft die ersten Wörter, bestehend aus dem Gegensatz Vokal – Konsonant. Langsam fängt das Kind an, Einwortsätze zu bilden. Einzelne Wörter wie »Ball« machen deutlich, was das Kind möchte.

1 – 1$\frac{1}{2}$ Jahre: Echolalie, Einwortsätze

Sprechen Sie viel mit Ihrem Kind, formulieren Sie ganze Sätze langsam und deutlich. Es wird versuchen, Sie nachzuahmen. Die Gegenwärtigkeit und die aktive Zuwendung zum Kind ist im ersten Jahr von besonderer Bedeutung.

Eine gute Interaktion zwischen dem Kind und seiner Bezugsperson hat nicht nur eine positive Auswirkung auf die psychische und soziale, sondern auch auf die sprachliche Entwicklung. Gegen Ende des ersten Lebensjahres gebraucht das Kind Ein- und Zweiwortsätze, sein Wortschatz wächst, denn es merkt sich, dass Gegenstände Namen haben.

$1^1/_2$ – $2^1/_2$ Jahre:
Zweiwortsätze, Wortschatzerweiterungen

Verbessern Sie Ihr Kind nicht, wenn es sich sprachlich fehlerhaft äußert. Besser ist, Sie wiederholen die Aussage richtig und ergänzen seine Äußerungen.

Ab Mitte des zweiten Jahres beschleunigt sich die sprachliche Entwicklung ungemein. Das Kind lernt Sätze zu bilden, die aus mehreren Wörtern bestehen, und beginnt die Wörter im Satz zu verändern: Steigerungen von Adjektiven, das Beugen des Verbs oder die Verwendung von Singular und Plural werden erlernt. Dabei kommt es vor, dass manche Laute noch nicht richtig ausgesprochen werden und die Satzstruktur grammatikalisch nicht einwandfrei ist. In dieser Zeit erfährt sein Wortschatz eine weitere Bereicherung.

$2^1/_2$ – 4 Jahre:
Mehrwortsätze, Veränderungen des Wortes innerhalb des Satzgefüges, Wortschatzerweiterung

Lassen Sie Ihr Kind erzählen, hören Sie gut zu, geben Sie ausreichende Antworten und erklären Sie ihm Sinnzusammenhänge.

Die Beschreibung der Sprachentwicklung ist hier nur grob skizziert, eine ausführliche Beschreibung würde den Rahmen des Buches sprengen. Die genannten

Daten sind als Eckdaten zu bezeichnen, denn es ist sehr schwierig, Normwerte genau festzulegen. Es ist aber bekannt, dass die Sprachentwicklung bei Jungen etwas langsamer verläuft als die bei Mädchen. Ab dem vierten Lebensjahr, spätestens ab dem fünften, sollte die sprachliche Entwicklung so weit zum Abschluss gekommen sein, dass das Kind klar und deutlich artikuliert, kurze Sätze grammatikalisch richtig spricht und weder Redehemmungen noch eine überhastete Aussprache zeigt.

Auffälligkeiten, die nach dem vierten Lebensjahr zu beobachten sind, werden als Sprachstörungen bezeichnet. Die häufigsten Beeinträchtigungen im sprachlichen Bereich möchte ich nun erörtern. Sprachliche Äußerungen, die durch unvollständige Sätze oder ein Verdrehen von Satzelementen, durch Probleme beim Bilden von Singular und Plural sowie den fehlerhaften Gebrauch der Zeiten auffallen, werden als *Dysgrammatismus* bezeichnet. Beispiele: »Der Hund Hunger hat«, »Schnell rennen die Maus«, »Kommen Papa Hause?« Lässt das Kind Laute aus oder ersetzt sie durch andere, so spricht man von einer *Dyslalie (Stammeln)*. Die wohl bekannteste Auffälligkeit ist das Lispeln (Sigmatismus). Hier bildet das Kind den /s/-Laut fehl, sodass ein unscharfes Geräusch entsteht. Es kommt auch vor, dass ein Kind einen oder mehrere Laute weglässt: »Bane« statt »Banane«, »amm« statt »Kamm«. Ersetzt es einen Laut durch einen anderen, können folgende Äußerungen zu hören sein: »Danne« statt »Tanne«, »Dabel« statt »Gabel« usw. Die Dyslalie kann im Rahmen einer Sprachentwicklungsverzögerung mit dem Dysgrammatismus einhergehen. Sie zählen zu den häufigsten Sprachstörungen im Kindesalter. Seltener sind hingegen das Stottern und Stimmstörungen. Das *Stottern* ist eine Störung des Redeablaufs. Das Kind überhastet sich, stockt in der Rede und hat häufig Sprechangst. Es wiederholt laute und Silben: »K-k-k-annst du mir helfen?«, oder bleibt an einem Laut hängen: »Kkkannst du mir die Bbbblume geben?« Es kann sein, dass das Stottern situationsabhängig ist, zum Beispiel, wenn sich das Kind unter Druck gesetzt fühlt oder Angst hat. *Stimmstörungen* hingegen betreffen den Klang der Stimme. Die Stimme hört sich heiser, rauchig oder gepresst an.

Alle *Sprachstörungen* sollten von Therapeuten behandelt werden. Bildet ein Kind bestimmte Laute fehl oder lässt sie weg, so ist es bestimmt nicht »zu faul«, und es nutzt auch nichts, es aufzufordern, richtig zu sprechen. Der Laut muss ganz neu erlernt werden. Dazu ist es nötig zu wissen, welche Artikulationsorgane beim Bilden des Lautes beteiligt sind, wie man sie anbahnen und vertiefen kann.

Die Ursachen für die genannten Sprachstörungen sind individuell und vielschichtig. Neben zentralen und peripheren Schädigungen können auch psychische und soziale Faktoren eine Rolle spielen. Obwohl der Ursache innerhalb einer Therapie Bedeutung zugemessen wird, wäre es zu umfassend, weitere mögliche Ursachen zu beschreiben. Die folgende Erörterung über den Zusammenhang zwischen Sprache und Wahrnehmung bzw. Bewegung lässt aber Ursachen deutlich werden.

Über den Zusammenhang von Sprache und Wahrnehmung

Mithilfe unserer Sinne (Sehen, Hören, Schmecken, Riechen, Tasten und Fühlen) nehmen wir die Umwelt wahr. Reize, die auf uns einströmen, werden durch die Sinne aufgenommen, weitergeleitet und vom Gehirn verarbeitet. Hinzu kommt die Fähigkeit, die Reize zu speichern. Wer schon mehrmals einen nassen Schwamm in die Hand genommen hat, kann sich vorstellen, wie er sich anfühlt, ohne ihn zu berühren. Über die Aufnahme von Reizen, ihre Weiterleitung, Verarbeitung und Speicherung erhalten wir Informationen, die für unsere Entwicklung von Bedeutung sind. Schon im Säuglings- und Kleinkindalter reagieren wir auf die Reize der Mutter, plappern zunächst sinnlose Laute und Silben nach. Kommt ein Kind taub zur Welt, so wird es sprachliche Fähigkeiten nur unter erschwerten Bedingungen erwerben. Wahrnehmung und Sprache sind also eng miteinander verknüpft. Beeinträchtigungen der Wahrnehmung und Sprache sind also eng miteinander verknüpft. Beeinträchtigungen der Wahrnehmung können nicht nur durch Schädigungen an peripheren Organen auftreten, sondern auch durch Störungen des zentralen Nervensystems. Dies wird am besten am Beispiel der auditiven Wahrnehmungsschwäche deutlich. Bei dieser Beeinträchtigung treten Schwächen beim Erkennen und Deuten akustischer Reize auf. Wenn ein Kind bestimmte Laute nicht erkennen kann, so fällt es ihm dementsprechend schwer, sie zu bilden. Es kann auch sein, dass das gehörte Wort durch die auditive Wahrnehmungsschwäche eine ganz andere Bedeutung erhält. Das Problem entsteht darin, akustische Signale zu erkennen und zuzuordnen, obwohl ein ausreichendes peripheres Hörvermögen und eine normale Intelligenz zu Grunde liegen. Eine gestörte Sprache Entwicklung kann somit auf Wahrnehmungsstörungen zurückzuführen sein. Jean Piagets hierarchisches Stufenmodell der Entwicklung (vgl. Piaget 1969a) lässt den Zusammenhang deutlich werden. Dieses Modell zeigt, dass komplexere Leistungen (Sprache) erst heranreifen können, wenn vorhergegangene sensomotorische Leistungen ausgebildet sind.

In Anlehnung an Jean Piaget beschreibt Jean Ayres die Entwicklung der Wahrnehmungsintegration und den Begriff der »Sensorischen Integration«. Damit ist ein Prozess des Ordnens und Verarbeitens sinnlicher Eindrücke gemeint. Ihr Ziel ist die Verbesserung des Ablaufes von Hirnverarbeitungsprozessen und die sinnvolle Ordnung von Empfindungen. Ist die Verarbeitung von Reizen gestört, weil eine Unregelmäßigkeit oder Störung der Hirnfunktion vorliegt, so kann es zu einer Verzögerung der Sprachentwicklung kommen. Einfach aus dem Grund, weil das Sprechen eine Fähigkeit ist, die zahlreiche sensomotorische Funktionen erfordert. Dementsprechend zielt ihr Therapieansatz nicht etwa auf sprachliche Fähigkeiten, sondern er umfasst die Stimulation des Gleichgewichtssystems, des Tastsinns und der Eigenwahrnehmung (vgl. Ayres 1994).

Ein weiteres Modell, das die Verknüpfung von Wahrnehmung und Sprache erfasst, ist das Modell des »Problem lösenden Alltagsgeschehens« von Felicitas Affolter. Sie legt ihren Schwerpunkt mehr auf die Interaktion des Kindes mit der Umwelt. Der Therapeut löst zusammen mit dem Kind ein alltägliches Problem, indem er es »führt«. Er setzt sich hinter das Kind, legt seine Hand auf die des Kindes und zusammen wird zum Beispiel ein Apfel geschält. Es erfährt hier durch den Tastsinn eine Ursache-Wirkungs-Beziehung, die ihm hilft, seine Umwelt zu erschließen. Hier werden über wahrnehmungsbezogene Handlungen (etwas erspüren, ertasten = taktile Wahrnehmung) Leistungen erarbeitet, die für die sprachliche Entwicklung von Bedeutung sind.

Den Modellen ist gemeinsam, dass sie nicht die sprachliche Beeinträchtigung in den Vordergrund stellen, sondern sensomotorische Fähigkeiten, die die Basis für komplexere Prozesse (wie die Sprache) bilden. Wahrnehmungserfahrungen sind also grundlegende Erfahrungen und zugleich eng mit der Sprachentwicklung verknüpft. Gerade in unserer medienüberfluteten Zeit ist es für Kinder schwierig, sinnliche Erfahrungen zu machen. Fernseher, Computer und Gameboy sind sicher nicht die einzigen Verursacher, aber ein angemessener Umgang mit ihnen wäre sicherlich wünschenswert. Die Zweidimensionalität der Mattscheibe sollte nicht die Dreidimensionalität der realen Welt überschatten.

Über den Zusammenhang von Sprache und Bewegung

So wie die sprachlichen Fähigkeiten mit der Entwicklung der Wahrnehmung verknüpft sind, so besteht auch ein unmittelbarer Zusammenhang zwischen der motorischen und der sprachlichen Entwicklung. Allein für den Vorgang des Sprechens, d.h. Bildung von Lauten, Wörtern und Sätzen, benötigen wir eine gute Bewegungsplanung und -steuerung der Mundmuskulatur.

Für ein elastisches und von Verspannungen freies Zusammenspiel aller an der Tonerzeugung beteiligten Organe und Muskulaturen ist es notwendig, dass sich die Artikulationsinstrumente locker und ungehindert bewegen können. Für den Sprechakt benötigen wir unsere Lippen, die Zunge, den Unterkiefer, das Gaumensegel sowie die Zähne, den Gaumen und das Zäpfchen. Eine physiologische Artikulation wird als deutlich, vorn, genau, präzise, verständlich und klar beschrieben. Dem gegenüber steht eine enge, undeutliche, verwaschene Artikulation, bei der das Verschleifen und Zusammenziehen von Wörtern vorkommt. Ein Rückstand der motorischen Entwicklung betrifft demnach nicht nur die Bewegungsfähigkeit des gesamten Körpers, sondern auch die komplizierten Bewegungsabläufe der Muskeln im Mundbereich. Sprache setzt also eine intakte Steuerung der feinen Motorik voraus. Andersherum muss eine motorische Beeinträchtigung nicht unbedingt sprachliche Auffälligkeiten nach sich ziehen. Die Koordination umfangreicher motorischer Abläufe wird bei den meisten Menschen von der sprachdominanten linken Hirnhälfte aus gesteuert, die auch als »motorische Sprachregion« bezeichnet wird (vgl. Wirth 1990). Diese Aussage darf jedoch nicht zu der Annahme verleiten, dass nur die linke Hemisphäre für den Erwerb der Sprache verantwortlich ist. Nur eine Zusammenarbeit beider Hirnhälften ermöglicht den Erwerb von umfassenden Funktionen. Wird im Folgenden von einer Förderung der Motorik gesprochen, so geht es nicht nur um mundmotorische Fähigkeiten, sondern um Bewegungserfahrungen des ganzen Körpers. Wie wichtig der Bewegungsaspekt für die Entwicklung ist, wird auch bei Affolter und Ayres in den Vordergrund gestellt. Trotz inhaltlicher Unterschiede ist der Bewegungsaspekt Hauptbestandteil ihrer Therapie. Die Förderung der Motorik soll dazu beitragen, die Bewegungsfertigkeiten eines Kindes auszubilden, damit eine wichtige Grundlage für die Sprachentwicklung geschaffen wird (vgl. Becker/Sovak 1983).

Die Bedeutung der Entwicklung der Motorik zeigt sich auch durch zahlreiche therapeutische Ansätze im Bereich der Psychomotorik. Die von der Psychomotorik geforderten Inhalte beziehen sich auf Körper-, Material- und Sozialerfahrung. Das Kind soll seinen Körper über die Bewegung wahrnehmen, es soll sich in Bezug zur materiellen Umwelt wahrnehmen und Beziehungen zur materiellen Umwelt emotional und kognitiv verarbeiten (vgl. Eckert 1985). Aus sprachheilpädagogischer Sicht erhält die psychomotorisch-orientierte Förderung einen besonderen Stellenwert, da sie sprachliche und nichtsprachliche Lernprozesse über Bewegungshandlungen provoziert (vgl. Bahr/Nondorf 1985).

Verschiedene Forschungsergebnisse zeigen, dass der Sprachentwicklungsprozess nicht für sich allein betrachtet werden darf, da ein Zusammenhang zwischen motorisch-sensorischer und sprachlicher Entwicklung besteht. Daraus resultiert, dass eine Förderung von Wahrnehmung und Bewegung den Erwerb sprachlicher Fähigkeiten positiv unterstützt.

Sprachförderung – aber wie?

Ein Kind sprachlich zu fördern bedeutet, es in Sprachlernprozessen zu unterstützen (vgl. Franke 1990). Vor allem im Spiel soll das Kind viele verschiedene Aspekte der Sprache kennen lernen. Zu den grundlegenden Ebenen einer Sprachförderung zählt ein altersgemäßer Wortschatz, die Fähigkeit, Sätze zu bilden und einzelne Laute richtig auszusprechen (Sprechen im eigentlichen Sinne). Von Bedeutung sind aber auch die Sprechgestaltung (Stimmmelodie und -prosodie, Einsatz von Mimik und Gestik) sowie kommunikative Kompetenzen. Letzteres bezeichnet die Fähigkeit, sich anderen situations- und partnergerecht mitzuteilen (vgl. Peuser 1989). Die genannten Fähigkeiten sind Komponenten von Sprachproduktion und -verständnis. Es wird leider allzu leicht vergessen, dass einer Sprachproduktion ein entsprechendes Sprachverständnis vorangeht und diese auch ständig begleitet. Wir können uns nur äußern, wenn wir Wörter und ihre entsprechende Bedeutung kennen. Alles andere wäre sinnlos und nicht kommunikativ.

Ein intaktes Sprachverständnis ist nicht nur für Kinder, sondern auch für Erwachsene wesentlicher Bestandteil der Sprache. Oft stoßen wir auf unbekannte Wörter und Sinnzusammenhänge, die wir uns erschließen müssen. Im Hinblick auf die Förderung des Sprachverständnis ist es vor allem wichtig, dass die Bedeutung von Wörtern sowie Sinnzusammenhänge im Vordergrund stehen. Es nützt wenig, auch, wenn dies im spielerischem Umgang geschieht, das Kind unbekannte Wörter immer wieder produzieren zu lassen. Zudem birgt es auch die Gefahr, dass es die Lust am Sprechen verliert, was weitaus schlimmer ist. Interessiert sich ein Kind zum Beispiel sehr für Tiere, entschließen sie sich, ihm verschiedene Haustiere auf mehreren Wegen näher zu bringen. Bringen Sie das Wort Katze (als Beispiel für ein Haustier) mit Abbildungen einer Katze in Verbindung, streicheln sie eine

Katze, bewegen Sie sich gemeinsam wie eine Katze (schleichen, springen), malen sie ihre Pfotenabdrücke, zeigen sie, welche Geräusche sie macht. Bei jüngeren Kindern ist es angebracht, den Themenbereich in eine Rahmenhandlung einzubinden. Sicherlich ist es nicht schwer, eine Geschichte von einer Katze (oder einem anderen Haustier) ausfindig zu machen. Ist das Kind von dem Spiel, der Geschichte, dem Streicheln, Malen oder Basteln der Katze begeistert, so wird es beim Hören des Wortes nicht nur wissen, welches Tier gemeint ist, sondern es werden auch Assoziationen hervorgerufen. Vielleicht bringt es den Begriff der Katze mit weichem Fell, leiser Fortbewegung oder einem Sich-wohl-Fühlen (Schnurren) in Verbindung.

Sicherlich werden Sie sich auch fragen, wo Sie mit der Sprachförderung beginnen sollen und ob das Herausgreifen eines Spieles unspezifisch und damit nicht effektiv genug ist. Ich denke, es kann nichts effektiver sein, als wenn ein Bereich über das Interesse des Kindes verinnerlicht wird. Wann wird wohl ein Erwachsener mehr lernen? Wenn er zu einer Nachschulung über ein Thema gedrängt wird oder wenn er diesem Thema aus eigenem Interesse nachgeht. Die Antwort liegt auf der Hand. Folgen Sie den Interessen des Kindes und geben Sie ihm Anreize. Basteln, Malen, Kochen, Werken, Spielen, Sprechverse, Geschichten, Musizieren, Tanzen – all diese Dinge sind ohnehin schon stark motivierend. Wenn Sie beobachten können, in welchem Bereich das Kind einer Förderung bedarf, ist es sinnvoll, spielerische Handlungen in diesem Bereich zu intensivieren. Ihre Aufgabe ist es, die notwendigen Gegebenheiten zu schaffen. Eine Aufgabe, die weit über das Angebot des Buches hinausgeht. Das Buch bietet Anregungen und Ideen, aber Sie müssen Zeit investieren, beobachten und zuhören, sie müssen organisieren und planen.

Viele Eltern unterstützen die sprachlichen Handlungen ihrer Kinder. Ich möchte die Art der Unterstützung an dieser Stelle noch erörtern, damit sie Ihnen im Umgang mit dem Kind bewusst werden. Lernen erfolgt auch durch Nachahmung und dementsprechend ist ein gutes sprachliches Vorbild von besonderer Bedeutung. Möglichkeiten des Stimulierens werden von Möglichkeiten des Modellierens unterschieden. Beim Stimulieren ist es wichtig, die Aktivitäten des Kindes sprachlich zu begleiten. Spielt das Kind mit Auto einen Unfall nach, sprechen sie aus, was passiert. Zum einen hört es den sprachlichen Ausdruck für seine Handlung und zum anderen provoziert Ihre Aussage zu einer Äußerung.

Beim Modellieren werden die kindlichen Äußerungen ergänzt oder umgewandelt. Wenn das Kind entdeckt, dass das Spielzeugauto nicht mehr fährt und »kaputt« sagt, ergänzen Sie diese Aussage: »Ja, das Auto ist kaputt!« Möglichkeiten des Stimulierens sowie des Modellierens bieten Kindern Hilfen an (vgl. Motsch 1984).

Der Weg ist das Ziel – der spielorientierte Ansatz

Zum Schluss möchte ich die Bedeutung des Spiels für kindliche Lebenswelten herausstellen und noch einmal darauf hinweisen, dass sprachliche Förderung immer eine Förderung auf spielerische Art und Weise sein sollte. Im Spiel verbinden sich die Bereiche Sprache, Wahrnehmung und Bewegung miteinander. Genannt sei ein weiteres Mal Piaget (1969b), nach dessen Ansicht das Kind Leistungen im Spiel einübt, die ihm die Entwicklung auf den Stufen der sensomotorischen, der präoperationalen und der konkret-operationalen Intelligenz abverlangt.

Kinder setzen sich im Spiel mit sich selbst auseinander, es eröffnet ihnen Möglichkeiten zum Üben und Ausprobieren, zum Erforschen und Erkunden. Im Spiel ist ein Verlieren nicht weiterhin schlimm, denn auch das muss gelernt werden: »Mensch, ärgere dich nicht!« Das altbekannte Spiel vermittelt auch soziale Erfahrungen, wenn weitere Spielpartner beteiligt sind. Es kann Kooperationsbereitschaft und prosoziales Verhalten fördern, wenn gemeinschaftliche Aktionen im Mittelpunkt stehen, bei denen es zuzuhören gilt, sich auf andere einzulassen oder an einem Strang zu ziehen. Im freien Spiel denken sich Kinder oft fantasievolle Geschichten aus, in denen sie in andere Rollen schlüpfen. Diese Rollenspiele fördern ebenfalls soziales Verhalten, da es notwendig ist, sich in jemand anderes hineinzuversetzen.

Das Spiel verfolgt nicht unbedingt ein Ziel, es ist Selbstzweck in sich. Kinder, die spielen, sind frei von Ängsten und Zwängen. Das Spiel macht Spaß und entspannt. Obwohl man beobachten kann, wie konzentriert und gewissenhaft Kinder im Spiel sein können, ist das Kinderspiel nicht kopflastig. Sei es nun die Eroberung eines Klettergerüstes (Bewegung), der Dialog zwischen zwei Puppen (Sprache) oder das Bauen eines Staudamms (Wahrnehmung) … All diese spielerischen Tätigkeiten haben einen positiven Einfluss auf kindliche Entwicklungsprozesse.

Sprachspiele

Der Begriff »Sprache« ist eigentlich ein Oberbegriff für ein komplexes System aus Sprachverständnis, Sprechfähigkeit (Aussprache) und der Stimme – der Klang der Sprache. Zur Sprache gehören aber auch nichtsprachliche Aktivitäten wie Gestik und Mimik. Oft begleiten sie unbewusst unser sprachliches Handeln. Die Entwicklung des Sprachverständnisses ist u.a. abhängig von der kognitiven Entwicklung und von einem intaktem Hörvermögen.

Die Sprechfähigkeit kann durch Störungen an den Sprechorganen beeinträchtigt sein, d.h. durch Veränderungen an den Lippen, den Zähnen, an der Zunge oder am Gaumen.

Die Stimme ist sozusagen Bedeutungsträger dessen, was wir sagen. Sie übermittelt Stimmungen. So klingt die Stimme laut und kräftig bei einer ärgerlichen Aussage oder leise und zitternd beim Gefühl der Angst. Störungen der Aussprache, der Stimme und Redeflussstörungen (Stottern) sollten Sie unbedingt Sprachtherapeuten überlassen.

Im Alltag können Sie jedoch zur Erweiterung des Wortschatzes, zur Förderung kommunikativer und grammatischer Fähigkeiten beitragen.

Der wichtigste Grundsatz lautet: Verbessern Sie Ihr Kind nicht ständig! Wenn Ihr Kind beispielsweise fragt: »Mama, wo ist die blaue Kleid?«, antworten Sie nicht mit »Es heißt: Das blaue Kleid und nicht die blaue Kleid!«, sondern mit: »Das blaue Kleid ist gerade in der Waschmaschine!« Ihr Kind lernt durch das Hören des korrekten Artikels mehr als durch ewiges Verbessern seiner Sprache, was es nur zusätzlich verwirrt oder seine Angst, erneut Fehler zu machen, erhöht.

Eine Gefahr besteht auch immer darin, das Kind zu überfordern. Einem dreijährigem Kind korrekte Satzstrukturen oder unbekannte Wörter nahe bringen zu wollen, wäre sinnlos. Scheinbare »Fehler« wie Satzverdrehungen, Worteinschübe, Artikulationsprobleme, die in diesem Alter auftreten, werden in der Fachliteratur als physiologisch, d.h. entwicklungsbedingt angesehen. Ohnehin sollte eine Förderung nie einen sprachlichen Leistungsanstieg zum Ziel haben. Es wäre auch schwierig, diesen zu messen. Echte Fortschritte sind dadurch gekennzeichnet, dass das Kind gerne spricht, auch gerne nachfragt, dass es seine Bedürfnisse (Informationen wie Gefühle) zum Ausdruck bringen kann oder aber ein Wort umschreibt, das ihm nicht einfällt.

Sprachspiele zur Erweiterung des Wortschatzes

Spiele, die der Erweiterung des Wortschatzes dienen, haben nicht einfach zum Ziel, dem Kind unzählige Wörter beizubringen. Vielmehr soll es einen soliden Grundwortschatz erwerben und mit seinem Wortschatz umgehen können, d.h. im richtigen grammatischen und situativen Kontext. Am besten wird ein neues Wortfeld erarbeitet, wenn es in einem unmittelbaren Zusammenhang zur Lebenswelt des Kindes steht. Die folgenden Spielvorschläge sind nach Oberbegriffen unterteilt, denn im Sinne einer Erweiterung des Wortschatzes ist es sinnvoll, ein Gebiet abzustecken, damit dieses verinnerlicht werden kann.

Oberbegriff: Natur

A, B, C

Spielintention: Ausschöpfen des schon vorhandenen Wortschatzes über Tiere.

Es wird ein beliebiger Buchstabe aus dem Alphabet herausgegriffen, z.B. das »S«. Abwechselnd nennen die Spieler ein Tier mit dem Anfangsbuchstaben »S«. Wem zuerst kein Tier mehr einfällt, hat verloren.

Einfachere Variante: Das Spiel kann natürlich auch gespielt werden, ohne dass ein Anlaut vorgegeben wird. Abwechselnd wird einfach ein Tier genannt.

Tiere erraten

Spielintention: Verinnerlichung von Tierarten durch die Umschreibung ihrer Eigenschaften.

Schneiden Sie aus Magazinen und Zeitschriften verschiedene Tiere aus. Legen Sie die ausgeschnittenen Tierbilder so auf den Tisch, dass die Rückseite zu sehen ist. Ein Spieler nimmt ein Tierbild, schaut es sich an und beschreibt es dem anderen Spieler. Dieser muss erraten, um welches Tier es sich handelt.

Beispiel: Der Elefant. »Es ist ein sehr großes, graues Tier. Er hat große Ohren und einen langen Rüssel.«

Tiere zuordnen

Spielintention: Zuordnung der Tiere in ihr Lebensumfeld.

Malen Sie mit dem Kind alle Tiere auf, die Ihnen einfallen. Anschließend werden die Tiere ausgeschnitten und auf drei verschiedene Blätter aufgeklebt. Das erste Blatt erhält das Symbol einer Wolke, das zweite das Symbol des Wassers und das dritte das der Erde. Die ausgeschnittenen Tiere sollen nun dort aufgeklebt werden, wo sie leben. So gehört ein Vogel auf das Blatt mit dem Wolkensymbol, der Fisch oder der Frosch auf das Blatt mit dem Symbol des Wassers (siehe auch Arbeitsblatt »Käfer, Baum und Sonne«, S. 59, Arbeitsblatt »Wo leben die Tiere?«, S. 61, und Arbeitsblatt »Natur-Memory«, S. 71).

Anmerkung: Dieses Spiel eignet sich auch gut, um kurze Sätze aufzubauen. Geben Sie dem Kind einen Anstoß: »Weißt du, wo dieses Tier lebt?« Kind: »Der Fisch lebt im Wasser!«

Merkmale von Tieren (Ein Rätselspiel)

Spielintention: Durch die Vorgabe eines Satzteiles fällt die Nennung des fehlenden Wortes, das eine Eigenschaft des Tieres darstellt, einfacher.

Das Kind soll folgende Sätze ergänzen. Wenn es kann, soll es sich ebenfalls derartige Sätze ausdenken!

> Der Elefant hat einen langen R … (üssel).
> Die Katze hat ganz weiches F …(ell).
> Der Hirsch hat ein großes G …(eweih).
> Der Hund wedelt mit seinem Sch …(wanz).
> Das Zebra hat schwarze und weiße S …(treifen).
> Die Kuh gibt gute M …(ilch).
> Das Eichhörnchen versteckt seine N …(üsse). Etc.

Anmerkung: Je nach Fähigkeit des Kindes kann der Anlaut weggelassen oder erweitert werden.

Rätselreime

Spielintention: Durch die Beschreibung sollen Merkmale deutlich gemacht werden, die mit dem Tier in Zusammenhang stehen.

Lesen Sie dem Kind folgende Reime vor. Es soll herausfinden, welches Tier der Reim beschreibt. Wenn es nötig ist, geben Sie nähere Hinweise.

> Auf leisen Pfoten schleiche ich,
> auf der Suche nach einem Mäuserich.
> Mein Fell ist glatt und weich,
> errätst du dieses Rätsel gleich?
> (Die Katze)

> Ich trabe über die Koppel,
> mal elegant, mal mit Gehoppel.
> Meine Mähne weht im Wind,
> errätst du dieses Rätsel geschwind?
> (Das Pferd)

> Ich streife durch die Wälder
> und renne über Felder.
> Rot ist mein Fell, buschig mein Schwanz
> und natürlich esse ich gerne Gans.
> (Der Fuchs)

> Die Milch, die ihr trinkt, ist von mir,
> ich bin ein ziemlich großes Tier.
> Bin braun, schwarz oder weiß,
> Weißt du nun, wie ich heiß?
> (Die Kuh)

> Ich bin klein und stachelig,
> unterm Laub, da findest du mich.
> Kommt der Feind, z.B. ein Hund,
> dann mach ich mich klein und rund.
> (Der Igel)

> Im Aquarium schwimme ich,
> doch auch im See findest du mich.
> Zu finden bin ich auch im Meer,
> dieses Rätsel ist doch nicht schwer!
> (Der Fisch)

> Ich hüpfe hoch und weit,
> trage ein grünes Kleid,
> Ich lebe auf der Wiese,
> bin sehr klein, kein Riese.
> (Der Grashüpfer)

> Durch dunkle Erde buddel ich
> einen Tunnel – nur für mich.
> Was ich nicht mag ist Tageslicht,
> denn meine Augen vertragen dies nicht.
> (Der Maulwurf)

Was fressen Tiere?

Spielintention: Der Zusammenhang von Tieren und ihrem Futter vertieft das Thema um eine weitere Komponente.

Schneiden Sie Tierbilder aus Zeitschriften aus und kleben Sie diese auf ein Blatt, sodass ein Zoo oder ein Bauernhof entsteht. Das Kind ist der Zoodirektor/der Bauer und muss nun die Tiere füttern. Welches Tier bekommt nun was zum Essen?

Geschichten weitererzählen

Spielintention: Durch die Einbindung in eine Geschichte soll eine intensivere Verinnerlichung des Tieres ermöglicht werden.

Gemeinsam wird eine Geschichte erfunden. Abwechselnd trägt jeder Spieler ein oder zwei Sätze zur Geschichte bei. Wird der Kassettenrekorder eingesetzt, kann man sich die Geschichte später noch einmal anhören. Einstiege für Geschichten:

- »Auf einem Bauernhof, da wohnte ein kleines Schwein. Die anderen Schweine mochten es nicht, weil …«
- »Tief unten im Meer, da lebte ein winziger Tintenfisch. Eines Tages machte er eine Reise, denn …«
- »Es waren einmal zwei Frösche, die lebten in einem Teich und konnten sich nicht leiden, denn jeder wollte den Teich für sich …«

Kleine und große Tiere

Spielintention: Den Kindern soll bewusst werden, dass Tiere unterschiedliche Größen haben.

Abwechselnd sollen die Spieler ein Tier nennen, dass sehr klein ist und eines, dass sehr groß ist. Wer zuerst kein kleines/großes Tier mehr nennen kann, hat verloren.

Micha und der Hundewunsch

Spielintention: Sinn dieser Geschichte ist, Kindern auch eine andere Sichtweise vom Halten eines Hundes näher zu bringen.

Lesen Sie die folgende Geschichte dem Kind vor. Das Kind soll versuchen zu sagen, was in die Leselücken hineinpasst.

Micha liegt abends im Bett noch wach. Er wünscht sich sooo gerne einen großen, wuscheligen … (Hund). Ein Hund als Freund, das wäre toll. Man könnte mit ihm … (spielen, herumtoben oder spazieren gehen). Nächste Woche hat Micha Geburtstag, und er hat sich vorgenommen, Mama und Papa zu fragen.
Am nächsten Morgen sitzen alle am Frühstückstisch. Papa liest die Zeitung. »Papa, Mama«, sagt Micha »ich habe nächste Woche Geburtstag und mein größter Wunsch ist ein Hund!«
»Micha«, sagt Mama »ein Hund macht sehr viel … (Arbeit oder Dreck) und man muss dreimal am Tag mit ihm … (hinausgehen oder spazieren gehen).«
»Und das ist nicht alles«, fügt Papa hinzu. »Für einen Hund muss man ganz viel Zeit haben und sein Fell muss … (gebürstet werden). »Micha ist den Tränen nahe. »Aber ich würde mich ganz bestimmt, um den Hund … (sorgen, kümmern). Ich würde jeden Tag mit ihm durch den Wald … (laufen), sein Fell … (bürsten) und mit ihm spielen!«
»Nein«, sagt Michas Vater »es geht wirklich nicht. Ich weiß auch gar nicht, ob es erlaubt ist, in unserer Wohnung einen Hund zu halten!«
Micha rennt hoch in sein Zimmer, wirft sich auf sein Bett und weint und weint.
Es vergeht eine Woche. Heute hat Micha Geburtstag. Obwohl er weiß, dass er keinen Hund bekommen wird, freut er sich. Am Geburtstagstisch liegt ein großer Umschlag mit der Aufschrift »für Micha«. Er öffnet den Umschlag und zieht ein Foto mit einem süßen, wuscheligen Hund heraus. Auf der Rückseite des Fotos steht geschrieben:
Hallo Micha!
Ich bin Charly und wohne im Tierheim in der Siekerstraße. Dort ist es sehr langweilig. Bitte komm doch mal vorbei und hol mich ab zum Spazierengehen!
Dein Charly.
Micha freut sich und drückt Mama und Papa.

Anmerkung: Besprechen Sie mit Ihrem Kind, was es für Probleme mit einem Hund oder einem anderem Haustier geben könnte (Urlaub, Tierarzt- und Futterkosten, Zeit, Pflege etc.).

Oberbegriff: Lebensmittel

Das Einkaufsspiel

Spielintention: Benennung von Lebensmitteln, Äußerung kurzer Sätze (»Ich möchte …«, »Haben Sie …«).

Spielen Sie die Situation in einem Kaufladen nach. Abwechselnd ist ein Spieler Kunde oder Verkäufer. Als Verkaufsobjekte eignen sich Gegenstände und Lebensmittel aus dem Haushalt (siehe auch Arbeitsblatt »Das Einkaufsspiel«, S. 53, und Arbeitsblatt »Ei zu Ei«, S. 55).

Kochen und Backen

Spielintention: Durch den handelnden Umgang mit Lebensmitteln werden sich Kinder am schnellsten deren Namen merken.

Kochen und backen Sie gemeinsam mit dem Kind. Dies ist eine der besten Möglichkeiten, damit das Kind verschiedene Lebensmittel kennen lernt. Hinzu kommt, dass es durch die Tätigkeit an sich die motorischen Fähigkeiten verbessert. Sei es durch Rühren, Schütteln, Kneten, Schneiden oder durch das Schälen. Hier zwei Rezepte, die sich gut mit Kindern ausführen lassen:

Quarkbrötchen

Zutaten: 500 g Weizenmehl, 1 Prise Salz, 200 ccm Milch, 40 g Fett, 1 Päckchen Hefe, 1 Teelöffel Zucker, 250 g Magerquark.

Zubereitung: Aus den Zutaten einen geschmeidigen Teig kneten. Warm stellen und gehen lassen. Erneut durchkneten. Zu Brötchen formen und auf einem Backblech noch einmal zehn Minuten gehen lassen. Einschneiden und mit Milch bestreichen.

Backtemperatur: 200–220° C.

Backzeit: 15–20 Minuten.

Obstsalat

Zutaten: Obst nach Belieben und Jahreszeit (Bananen, Äpfel, Apfelsinen, Pflaumen, Birnen etc.), Nüsse und eine Zitrone, Honig oder Zucker zum Süßen.

Zubereitung: Das Obst und die Nüsse in kleine Stücke schneiden und in eine Schüssel geben. Eine Zitrone auspressen und ihren Saft über das Obst geben, damit z.B. die Bananen nicht zu schnell braun werden. Abschmecken und mit Zucker oder Honig nachsüßen.

Schmecken und Riechen

Spielintention: Das Spiel soll den Zusammenhang von Lebensmitteln und ihrem Geschmack bzw. Geruch deutlich werden lassen.

Einem Mitspieler werden die Augen verbunden. Der andere sucht nun verschiedene Lebensmittel, die durch Schmecken oder Riechen erraten werden sollen. Hat derjenige, der probiert, das richtige Lebensmittel erkannt, bekommt er einen Punkt. Es gibt einen weiteren Punkt dafür, wenn das Kind die Banane dem Obst, die Gurke dem Gemüse, Zucker den Gewürzen etc. zuordnen kann.

Oberbegriff: Körper und Kleidung

Unterhaltung der Hände

Spielintention: Die Hand und ihre Aktivitäten als Körperteil erfahren.

Jeder Spieler malt ein Gesicht auf seine Handinnenfläche, dann kann die Unterhaltung der Hände sofort losgehen, z.B. so:

Spieler A: »Hallo kleine Hand, zu wem gehörst du denn?« (Mit den Fingern winken)

Spieler B: »Ich gehöre dem Boris, und ich helfe ihm bei allem, was er tut!«

Spieler A: »Was machst du denn morgens, wenn Boris aufsteht?«

Spieler B: »Als Erstes öffne ich die Tür zum Badezimmer und dann ergreife ich seine Zahnbürste …«

Welches Körperteil hat welche Aufgabe?

Spielintention: Den Kindern soll der Zusammenhang zwischen einem Körperteil und seiner Aufgabe bewusst werden.

Zu diesem Spiel eignet sich auch das Arbeitsblatt »Körpermemory« im Anhang dieses Kapitels. Eine andere Möglichkeit besteht wieder darin, Körperteile aus Zeitschriften auszuschneiden oder sich einfach mit dem Kind vor einen Spiegel zu setzen. Abwechselnd fragen sich die Spieler, welche Funktionen bestimmte Körperteile haben: »Weißt du, was deine beiden Augen können?«

Körperteil erraten

Spielintention: Durch Tasterfahrungen Informationen über die Form und Beschaffenheit eines Körperteils gewinnen.

Einem Spieler werden die Augen verbunden. Nun hält der andere ein Körperteil (zum Beispiel einen Zehen, seine Nase, den Bauch oder das Knie) hin, das der Spieler mit den verbundenen Augen erraten soll.

Welches Kleid steckt im Sack?

Spielintention: Benennen eines Kleidungsstückes durch Ertasten seiner Form.

Hierzu benötigen Sie eine große Plastiktüte oder einen großen Stoffsack. Das Kind soll die Augen verschließen und mit den Händen fühlen, um welches Kleidungsstück es sich handelt, und wenn möglich sagen, wem es gehört.

Das verschwundene Kleidungsstück

Spielintention: Förderung der Merkfähigkeit durch genaues Hinsehen.

Legen Sie verschiedene Kleidungsstücke auf den Tisch. Während das Kind die Augen verschließt, lassen Sie ein Kleidungsstück verschwinden. Errät das Kind das Kleidungsstück, das fehlt, darf es dies anziehen. Wer zum Schluss am meisten anhat, hat gewonnen.

Oberbegriff: Haus, Wohnung und Umgebung

Möbel und ihre Funktion

Spielintention: Ziel ist, Möbelstücke zu benennen und ihren Nutzen kennen zu lernen.

Material: Papier und Stifte.

Der eine Spieler beginnt ein Möbelstück (Stuhl, Bett, Teppich, Schrank etc.) aufzumalen. Der andere soll so schnell wie möglich erraten, welches Möbelstück gemalt wird und welche Funktion(en) es hat.

Das Traumhaus

Spielintention: Verinnerlichung der Begriffe (Möbel) durch einen individuellen Zugang.

Material: Papier und Buntstifte.

Ermuntern Sie das Kind, sein Traumhaus zu malen. Beginnen Sie mit der äußeren Form und der Farbe (»Mein Traumhaus müsste sonnengelb und riesengroß sein«) und malen Sie anschließend die Traummöbel in das Haus (ein weiches Sofa mit unzähligen Kissen, ein flauschiger Teppich, eine Rutsche im Haus etc.)

Das Puppenhaus

Spielintention: Das Kind lernt verschiedene Möbel und ihre Funktion im Spiel kennen. Das Puppenhaus bietet zudem ein hohes Maß an sprachlicher Anregung (siehe auch Arbeitsblatt »Tisch und Stuhl«, S. 65).

Das Spiel mit dem Puppenhaus ist fast schon in Vergessenheit geraten. Dabei ist die Faszination bei Kindern groß. Die Möglichkeiten sind so vielfältig wie das Leben: Es kann nachgespielt werden, was in der eigenen Familie so alles passiert, oder es werden neue Abenteuer erfunden. Kinder können sich mit Freunden oder Geschwistern sicherlich eine lange Zeit mit einem Puppenhaus beschäftigen. Ein Puppenhaus lässt sich leicht selber bauen. Vier Schuhkartons, aneinander geklebt und aufrecht hingestellt, ergeben vier Räume. Das Dach wird aus einem rechteckigen, harten Pappstreifen gebogen und an die Kartons angeklebt. Anschließend kann das Kind das Haus bemalen und kleine Möbel basteln.

Tipp: Streichholzschachteln eigenen sich als Betten, mit Wasserfarbe bemalte Taschentücher dienen als Teppiche, aus kleinen Dosen und Schachteln werden Tische und Schränke, der Korkenzieher wird zum Hocker, auf Bilder und Uhren kann man kleine Papierstückchen malen und an die »Wände« kleben.

Das außerirdische Wesen

Spielintention: Das Spiel soll zeigen, inwieweit die Kinder ihre Umwelt wahrnehmen.

Ziehen Sie sich einen grünen Handschuh an und malen Sie ihm ein Gesicht auf. Das außerirdische Wesen unterhält sich nun mit dem Kind: »Hallo, ich komme vom Planeten X und erforsche den Kindergarten (bzw. die Schule) auf der Erde! Kannst du mir helfen und meine Fragen beantworten?« (Das außerirdische Wesen fragt über die Kinder im Kindergarten, über Spiele, über die Kindergärtnerin, das Raumangebot usw.).

Spielsachen sortieren

Spielintention: Das Spiel ermöglicht es dem Kind, Zusammenhänge zu formulieren.

Schneiden Sie aus einem Spielzeugkatalog verschiedene Spielsachen aus. Lassen Sie das Kind die Sachen benennen und unter verschiedenen Aspekten sortieren, z.B.:

- Womit spiele ich gerne/nicht gerne?
- Welche Spielsachen gibt es in meinem Kindergarten?
- Die Spielsachen nach Farbe ordnen.

Langeweile?

Spielintention: Verschiedene Freizeitmöglichkeiten sollen vom Kind benannt werden können.

Hat Ihr Kind öfters Langeweile und kann sich nicht selbst beschäftigen? Hängen Sie einen großen Bogen Papier an die Wand, auf dem Freizeitaktivitäten aufgeschrieben oder aufgemalt werden. So kann es sich eine Aktivität heraussuchen, wenn ihm langweilig ist, z.B.:

- Schlittschuh laufen,
- Rollschuh/Inlineskates fahren,
- Schwimmen gehen,
- etwas kochen oder backen,
- auf den Spielplatz gehen,
- ein Bild malen,
- eine Freundin bzw. einen Freund anrufen,
- basteln,
- Fahrrad fahren,
- Fußball spielen etc.

Hobbys erraten

Spielintention: Die Förderung der körperlichen Ausdrucksfähigkeit soll erweitert werden.

Abwechselnd wird ein Hobby bzw. eine Freizeitaktivität pantomimisch dargestellt, die der andere Mitspieler erraten muss.

Kannst du diesen Satz ergänzen?

Spielintention: Verschiedene Freizeitmöglichkeiten kennen lernen und benennen können.

Eva, Tom, Max, Nina, Tim, Ulf und Sonja sind Freunde. Sie haben alle ein Hobby. Errätst du es?

- Eva galoppiert auf ihrem Pferd über die Wiese. Ihr Hobby ist … (Reiten).
- Tom schießt ein Tor. Sein Hobby ist … (Fußball).
- Max steckt täglich seine Nase in Bücher. Sein Hobby ist … (Lesen).
- Nina tanzt auf Zehenspitzen. Ihr Hobby ist … (Ballett).
- Tim spielt Gitarre und Schlagzeug. Sein Hobby ist die … (Musik).
- Ulf pumpt einen Reifen auf und tritt kräftig in die Pedale. Er fährt gerne (Rad).
- Sonja steigt nass aus dem Becken. Ihr Hobby ist das … (Schwimmen).

Was brauchst du zum Schwimmen?

Spielintention: Kennen lernen der für ein bestimmtes Hobby notwendigen Dinge.

Abwechselnd fragt ein Spieler den andere, welche Dinge man für eine Aktivität braucht. Diese Dinge können aufgeschrieben oder aufgemalt werden. Wer zum Schluss die meisten Sachen aufgeschrieben/aufgemalt hat, gewinnt.

Mögliche Antworten:
Eine Badehose bzw. Badeanzug, eine Bademütze, eine Schwimmbrille, ein Paar Badesandalen, Seife und Shampoo, ein Handtuch.

Tipp: Es kann ein Punkt abgezogen werden, wenn eine bedeutende Sache, wie z.B. beim Schwimmen der Badeanzug, fehlt.

Oberbegriff: Farben

Rot, gelb, grün und blau

Spielintention: Kennenlernen der Grundfarben.

Auf dem Tisch liegen farblich unterschiedliche Gegenstände. Es ist darauf zu achten, dass immer zwei bis drei Gegenstände dieselbe Farbe haben. Am Anfang sollten dies nur Grundfarben sein (rot, gelb, blau). Das Kind hat die Aufgabe, die Gegenstände der Farbe nach zusammenzulegen.

Variante: Die Gegenstände mit einem Farbwürfel »erspielen«. Wird zum Beispiel die Farbe Rot gewürfelt, so darf sich das Kind einen roten Gegenstand nehmen. Wer die meisten Gegenstände gesammelt hat, hat gewonnen.

Die Farben im Zimmer

Spielintention: Den Bezug der Farbe zu Gegenständen im Zimmer herstellen.

Für dieses Spiel brauchen Sie einen Wasserfarbkasten, Pinsel und einen großen weißen Papierbogen. Der beginnende Spieler sucht sich einen Gegenstand aus dem Zimmer aus und malt ihn auf das Blatt. Dabei ist die richtige Farbe entscheidender als die Form. Der andere Mitspieler soll den Gegenstand erraten.

Variante: Der Spieler, der zeichnet, zeichnet nur die Umrisse des Gegenstandes im Raum. Sein Mitspieler soll die Umrisse mit der richtigen Farbe füllen.

Das Farbenspiel

Spielintention: Verbalisieren der gedanklich vorgestellten Farben in Frageform.

Jeder Spieler bekommt Stifte und einen Zeichenblock. Die Mitspieler sitzen sich gegenüber, zwischen ihnen ist ein Sichtschutz aufgebaut (Pappe o.Ä.). Abwechselnd wird ein Gegenstand genannt (z.B. Eis, Baum, Socke, Fisch usw.). Jeder malt den genannten Gegenstand auf. Anschließend werden einander Fragen gestellt, z.B: »Ist dein Fisch rot?« usw. Hat jeder die gewählten Farben des anderen Mitspielers erraten, wird der Sichtschutz weggenommen, und die Zeichnungen werden begutachtet.

Sprachspiele zur Erweiterung grammatischer Fähigkeiten

Die Grammatik als »Lehre von der Sprache« beinhaltet das Bilden von Sätzen, die korrekte Verwendung von Präpositionen, Konjunktionen, Wortflexionen, Singular und Plural und vielem mehr. Der Übersicht wegen sind die verschiedenen Aspekte nach diesen folgenden Punkten unterteilt. Man sollte sich jedoch immer bewusst sein, dass die Sprachentwicklung und somit auch die Entwicklung der grammatischen Fähigkeiten ein dynamischer und fließender Prozess ist und die folgenden Übungen nur der Übersicht wegen in solch starre Formen gepresst worden sind.

Unsinnssätze: Stelle sie richtig!

Spielintention: Die eine kleine Provokation soll dem Kind helfen, kurze Sätze zu bilden. Zugleich erfährt es Zusammenhänge (z.B., dass man Bücher nicht kocht, sondern liest).

Lesen Sie Ihrem Kind folgende Sätze vor und fordern Sie es auf, die Unsinnssätze zu berichtigen:

- Bücher kann man kochen.
- Die Banane ist ein krummes Tier.
- Zitronen fliegen durch die Luft.
- Wasser kann man verbrennen.
- Diebe bringen Geld und Schmuck.
- Mäuse fressen Elefanten.
- Die Schnecke ist das schnellste Tier.
- Der Regenwurm kann bellen.
- Badewasser kann man trinken.
- Fische wandern über Berge.
- Steine schmecken gut.
- Luft kann man kaufen.
- Kinder dürfen Autos lenken.
- Löffel sind zum Schneiden da.
- Beim Zahnarzt bekommt man Süßes.
- In Schiffen kann man nach Afrika fliegen.
- Gestern sah ich, wie ein gelber Stift mit einem grünen Stift telefonierte.
- Mit Radiergummis kann man bunte Bilder malen.
- Käfer können zwitschern.

Einfache Sätze bilden

Spielintention: Das Kind lernt, einfache Sätze zu bilden, indem Sie ihm Anregungen und sprachliche Vorgaben (Ergänzungen, Beschreibungen) bieten

Achten Sie darauf, dass die Satzstruktur Ihres Kindes richtig ist. Dabei gilt die Regel. Lieber kurz und korrekt als lang, komplex und fehlerhaft. Zum Üben bieten sich vielfältige Möglichkeiten: Memory-Karten (oder andere Bildkarten), Bilderbücher oder alltägliche Handlungen (siehe auch Arbeitsblätter »Eva und Tom«, S. 73 und 75).

Beispiel: Sie schauen sich mit Ihrem Kind ein Bilderbuch an und sehen eine Frau, die ihr schreiendes Kind tröstet. *Anregung:* »Schau mal, was macht denn die Frau mit dem Kind?« *Antwort:* »Tröstet es.« *Ihre Antwort:* »Genau, die Frau tröstet es.«

Präpositionen

Spielintention: Ziel ist das Kennenlernen von Verhältniswörtern, damit das Kind beschreiben kann, wo sich ein Gegenstand befindet.

Präpositionen sind Verhältniswörter, die das Verhältnis zwischen Dingen oder Personen zueinander angeben. Zum Beispiel: auf, in, über, unter, vor, hinter, in bei usw. Sie prägen sich am besten ein, wenn sie vom Kind praktisch durchgeführt werden müssen. Beispiele für Aufforderungen folgen, sie lassen sich nach Situationen beliebig erweitern:

- »Holst du bitte die Kiste unter deinem Bett hervor!«
- »Leg doch bitte Gabel und Messer neben jeden Teller und die Servietten auf die Teller!«
- »Schaust du mal in den Briefkasten!« etc.

Eine andere Möglichkeit, Präpositionen zu üben, bietet sich mit dem Spiel »Ich sehe was, was du nicht siehst«. Genannt werden Dinge, die sich vor, hinter, auf, unter etwas befinden (siehe auch Arbeitsblatt »Hallo, ich bin Max«, S. 67, und Arbeitsblatt »Luisa, der kleine Schmetterling«, S. 69).

Beispiel: »Ich sehe was, was du nicht siehst, und das liegt zwischen den Blumen ...«

Das eigene Bilderbuch

Spielintention: Möglichkeit zur Sprachanregung über einen individuellen Zugang.

Kaufen Sie ein Blankobuch für Ihr Kind. Hier kann es hineinmalen oder Bilder aus Prospekten und Zeitschriften ausschneiden und hineinkleben. Da das Kind nur Sachen hineinmalt/klebt, die ihm gefallen, wird Ihr Kind gerne über sein Buch berichten.

Reime und Lieder

Spielintention: Ziel ist es, über die Melodie und den Rhythmus, dem Kind Satzstrukturen näher zu bringen.

Singen Sie mit Ihrem Kind Kinderlieder und klatschen Sie die Reime mit. Der Vorteil bei Liedern und vor allem bei Kinderreimen liegt darin, dass sie sich durch die Melodie bzw. durch den Rhythmus und kurze Sätze rasch einprägen lassen (vgl. Kapitel »Auditive Wahrnehmung«, S. 30f.).

Gebrauch von Konjunktionen

Spielintention: Das Spiel fördert das Formulieren von Meinungen innerhalb einer festen, vorgegebenen Struktur.

● Setzen Sie sich Ihrem Kind gegenüber und werfen Sie sich einen Ball zu. Derjenige, der den Ball loswirft, formuliert einen angefangenen Satz, wie z.B. »Ich fahre gerne Fahrrad, weil (bzw. aber) ...« Derjenige, der den Ball fängt, muss den Satz vervollständigen. Für jeden vollständigen Satz gibt es einen Punkt. Fällt einem Mitspieler nichts ein, wird ein Punkt abgezogen.

● »Warum–weil«-Sätze. Die Spieler stellen sich gegenseitig Fragen. Bei jüngeren Kindern kann man das »Ball fangen« mit einbeziehen, damit es nicht zu monoton wird.

Beispiele für Fragen:
»Warum spielst du gerne mit Autos?«
»Ich spiele gerne mit Autos, weil ...«
»Warum isst du keine Tomaten?«
»Ich ..., weil ...«
»Warum hast du Angst vor Hunden?«
»Ich ..., weil ...«
»Warum schaust du gerne diese Sendung?«
»Ich ..., weil ...«

Bildgeschichten

Spielintention: Bildgeschichten bieten gute Möglichkeiten, Zusammenhänge zu verbalisieren und Sätze zu bilden.

Fangen Sie mit einer einfachen Bildgeschichte an. Zunächst ist es auch sinnvoll, wenn über die Personen gesprochen wird, die in der Geschichte mitspielen: Wie sehen sie aus? Sind sie jung, alt, groß oder klein? Sind sie miteinander verwandt, befreundet oder sich fremd? Geben sie ihnen Namen!

Lassen Sie das Kind die Geschichte in die richtige Reihenfolge hinlegen und sagen, was in der Geschichte passiert. Verwickeln Sie Ihr Kind in ein Gespräch über die Geschichte, damit diese lebendiger wird: Was könnten die Personen in der Geschichte zueinander sagen? Was verraten Mimik und Gestik der abgebildeten Personen? Wie könnte die Geschichte weitergehen?

»Mein, dein, unser«-Pronomen

Spielintention: Dem Kind wird die Verwendung von »mein« und »dein« näher gebracht. Zugleich erfährt es, dass einige Wörter mehrere Bedeutungen haben können.

Hierzu eignet sich gut das altbekannte Teekesselchen-Spiel. Als »Teekesselchen« werden Ding bezeichnet, die denselben Wortlaut haben, aber unterschiedliche Dinge sind, z.B.:

Birne	1. Bedeutung: Birne, die man in eine Lampe dreht. 2. Bedeutung: Birne als Obststück.
Bein	1. Bedeutung: Das menschliche Bein. 2. Bedeutung: Das Stuhl- oder Tischbein.
Brille	1. Bedeutung: Die Brille, um die Sehkraft zu steigern. 2. Bedeutung: Die Klobrille.

Ein Spieler denkt sich ein Teekesselchen aus und fängt an: »*Mein* Teekesselchen ...« Der andere Spieler soll Fragen stellen: »Ist *dein* Teekesselchen ...«

Anmerkung: Für Kinder ist es oft schwierig, sich Teekesselchen auszudenken. Denken Sie sich vor dem Spiel einige Teekesselchen aus und malen/schreiben Sie diese auf verschiedene Zettel. So kann das Kind, wenn ihm nichts einfällt, einen Zettel nehmen und dieses Teekesselchen beschreiben.

Der bestimmte Artikel

Spielintention: Kinder lernen, dass Gegenstände verschiedene Begleiter (Artikel) haben.

Kindern fällt es leichter, sich Artikel einzuprägen, wenn für jeden Artikel ein Symbol steht. So kann zum Beispiel ein grünes Viereck für ein »der«, ein rotes Dreieck für ein »die« und ein gelber Kreis für ein »das« stehen. Übungen dazu:

Man beginnt mit einem Symbol, z.B. dem grünen Viereck und breitet verschiedene Bildkarten auf dem Tisch aus. Gemeinsam werden nun die Abbildungen herausgesucht, deren Artikel »der« ist.

Die Symbole werden auf ein Blatt gemalt und die Kinder sollen verschiedene Bildkarten den richtigen Symbolen zuordnen (z.B. wird das Bild mit der Katze unter das rote Dreieck gelegt).

Malen Sie mehrere Symbole auf ein Blatt, schneiden Sie diese aus und versehen Sie sie mit einem Streifen Tesafilm. Das Kind soll dann die Symbole an die Gegenstände im Raum kleben, sodass jeder Gegenstand mit dem richtigen Symbol verbunden ist.

Macht das Kind nicht allzu viele Fehler, kann man die Spannung erhöhen, indem das Kind bei einer richtigen Zuordnung einen Punkt bekommt und bei einer falschen keinen Punkt. Der Spieler, der zum Schluss die meisten Punkte hat, gewinnt (siehe auch Arbeitsblatt »Wem gehört was?«, S. 77).

Singular und Plural

Spielintention: Ziel ist es, die Pluralbildung kennen zu lernen, auch wenn dies teilweise nur über das Zuhören geschieht.

Sie benötigen für folgende Übung beliebige Gegenstände und einen Spiegel. Zeigen Sie zunächst Ihrem Kind den Gegenstand »Schau, dies ist ein Stift« und halten Sie ihn dann vor einen Spiegel: »Siehst du immer noch einen Stift?« Das Kind soll daraufhin den Plural bilden.

Auch ein Memory-Spiel eignet sich sehr gut zum Üben von Singular und Plural. Das aufgedeckte Bild wird benannt, und wenn das zweite Bild gefunden wird, soll der Plural genannt werden.

Um einem mehr spielerischen Einsatz entgegenzukommen, kopiert man verschiedene Abbildungen (z.B. Tierabbildungen) zwei-, drei- oder vierfach. Ein Spieler ist der Zauberer und zaubert unter einem Tuch aus einer Katze drei Katzen. Das Kind sollte vorher raten, wie viele Katzen der Zauberer gezaubert hat. Die Rollen werden gewechselt.

Adjektive

Spielintention: Kennenlernen von Eigenschaften.

Adjektive beschreiben einen Gegenstand, eine Person oder eine Handlung näher. Die folgende Übung besteht darin, dass Sie Ihrem Kind die Gegensätze vorlesen und es auffordern, den Gegensatz richtig zu stellen. Bei dieser Übung wird deutlich, dass bestimmte Adjektive einen inhaltlichen Bezug zu dem Nomen haben, das sie näher beschreiben.

Stelle die Gegensätze richtig:

- »Weicher Stein«,
- »trockenes Wasser«,
- »heißes Eis«,
- »kaltes Feuer«,
- »harte Wolken«,
- »helle Nacht«,
- »schnelle Schnecke«,
- »gelber Himmel«,
- »eckiger Ball«,
- »laufender Fisch«,
- »schwerer Luftballon«,
- »flacher Berg«,
- »dreieckiges Ei«,
- »riesige Ameise«,
- »dunkle Sonne«,
- »trauriger Clown«

(siehe auch Arbeitsblatt »Dick und dünn«, S. 63).

Einfache Aussagesätze mit unbestimmten Artikeln

Spielintention: Förderung der Fähigkeit, Aussagesätze zu bilden, eine vorgegebene Struktur wirkt dabei unterstützend.

Verstecken Sie einen Gegenstand unter einem Tuch. Das Kind soll durch Tasten erraten, was sich unter dem Tuch befindet. Dabei bleibt die Frage-Antwort-Struktur immer dieselbe.

Frage: »Weißt du, was unter dem Tuch ist?«
Antwort: »Ja, das ist ein Löffel!«

Abwechselnd sucht ein Spieler einen Gegenstand, legt ihn unter das Tuch und lässt ihn vom Mitspieler erraten.

Verben

Spielintention: Kennenlernen von Tätigkeiten.

Verben beschreiben Tätigkeiten. Um dem Kind diese Tätigkeitswörter näher zu bringen und zu differenzieren, eignen sich folgende Übungen:

- Malen Sie mit dem Kind Tätigkeiten auf, die es gerne tut, eventuell Rad fahren, mit Autos spielen, schwimmen gehen, Pudding essen, mit einem Freund Buden bauen etc. Sollte Ihr Kind einmal Langeweile haben, kann es auf dieses Blatt schauen.
- Pantomime: Abwechselnd stellt jeder Spieler pantomimisch eine Tätigkeit dar, die der andere erraten soll.
- Tätigkeiten differenzieren: Abwechselnd nennen die Mitspieler eine Tätigkeit. Der andere Spieler muss nun Tätigkeiten nennen, die eng mit der ersten Tätigkeit verbunden sind.

Beispiel:
Spieler A: »Schwimmen«.
Spieler B: »Ein Handtuch mitnehmen, die
               Badehose anziehen, in das Wasser
               springen, tauchen, kraulen« usw.
Spieler A: »Kochen«.
Spieler B: »Den Herd anmachen, Gemüse
               waschen und schälen, Wasser in einen
               Topf füllen, abschmecken, würzen« usw.

Beschreibung von Gegenständen

Spielintention: Aufbau von Sätzen, in denen die Verwendung von Adjektiven gezielt gefördert wird.

Legen Sie verschiedene kleinere Gegenstände auf einen Tisch, z.B. einen Tennisball, eine kleine Figur, eine Armbanduhr, ein Stofftier, eine Muschel, ein Wollknäuel, einen Stein usw. Ein Spieler beschreibt nun einen Gegenstand, während der andere ihn erraten muss. Beispiel (Armbanduhr): Sie ist länglich, man trägt sie um das Handgelenk, auf ihr sind Ziffern zu sehen etc. Das Spiel wird schwieriger, umso mehr Gegenstände sich auf dem Tisch befinden. Sie können auch Abbildungen auf den Tisch legen, die aus einer Zeitschrift ausgeschnitten wurden.

Variante: Ein Spieler fragt den anderen über Eigenschaften des ausgewählten Gegenstandes, bis er ihn erraten hat.

Beispiel: Ist er bunt? Ist er groß? Ist er glatt?

Subjekt-Verb-Beziehung

Spielintention: Je nach Subjekt ändert sich die Form des Verbes. Dem Kind soll die Veränderung des Verbes bewusst werden.

Dazu brauchen Sie ein Foto vom Kind und Fotos von Freunden oder Verwandten des Kindes. Außerdem werden Abbildungen von Tätigkeitswörtern benötigt (z.B.: Rad fahren, laufen, essen, schlafen, spielen, turnen, reiten, einkaufen usw. Für das Verb »schlafen« könnte die Abbildung eines Bettes stehen.

Möglichkeit 1 (Subjekt-Verb-Beziehung im Hinblick auf die Personalpronomen »Ich«, »Du«): Legen Sie das Foto des Kindes auf den Tisch und die Abbildungen der Verben mit Zahlen von 1–6 (Würfelaugen) um das Bild herum. Das Kind würfelt nun und zieht eine Abbildung. Sie fragen: »Was tust du?«, und entsprechend soll das Kind antworten: »Ich schlafe!« Danach legen Sie ein Foto von sich in die Mitte. In dieser Reihe fragt das Kind, was Sie tun und Sie antworten. Anmerkung: Hat das Kind bei diesem Spiel große Schwierigkeiten, ist es sinnvoll, dass das Kind Sie zuerst fragt, um die korrekte Bildung des Verbes zuerst zu hören.

Möglichkeit 2 (Subjekt-Verb-Beziehung im Hinblick auf die Personalpronomen »Ich«, »Er – Sie – Es«, »Wir«): Legen Sie die vorhandenen Fotos in einen Kreis und die Abbildungen der Tätigkeitswörter in die Mitte. Nacheinander werden die Verben aufgedeckt. Das Kind bestimmt, welchem Foto es zugeordnet werden soll. Je nach Anzahl und Geschlecht der Personen auf dem Foto fragen Sie: »Was tust du?«, »Was tut er/sie/es?« oder »Was tut ihr?« Die Abbildung wird dann neben das Foto gelegt.

Fragesätze

Spielintention: Förderung der Fähigkeit, Fragesätze zu bilden.

Für dieses Spiel benötigen Sie eine Handpuppe, bei der die Finger den Mund bewegen können (Anleitung zum Basteln S. 27). Dazu Abbildungen von verschiedenen Lebensmitteln, die in einem kleinen Beutel versteckt werden. Das Kind darf sich nun eine Abbildung aus dem Beutel nehmen und soll die Puppe fragen, ob sie diesen Gegenstand mag (z.B.: »Magst du den Apfel?«) Nun nimmt die Handpuppe die Abbildung und »frisst« sie oder »spuckt sie wieder aus«. Die Wahl der Handpuppe (bzw. des Spielers) kann willkürlich oder gelenkt sein: So kann die Puppe z.B. nur Obst mögen, während sie Gemüse ablehnt.

Sprachspiele zur Förderung kommunikativer Fähigkeiten

In den letzten beiden Abschnitten wurde die Erweiterung des Wortschatzes und der grammatischen Fähigkeiten geübt. Die Förderung kommunikativer Fähigkeiten geht noch einen Schritt weiter: Sie umfasst Wortschatz, Grammatik, Artikulation sowie die Beziehung zum Kommunikationspartner. Dieser Abschnitt soll dazu anregen, dem Kind auf spielerische Weise Freude am Sprechen zu vermitteln und nebenbei die sprachliche Ausdrucksfähigkeit zu verbessern.

Geschichten erfinden

Spielintention: Das Spiel bietet eine Anregung zum Erzählen.

Zu zweit kann bei diesem Spiel eine Geschichte entstehen, deren Länge und Handlung die Spieler bestimmen können. Ein Spieler beginnt mit einem Satz, der nächste Spieler denkt sich einen weiteren aus. Interessant ist auch, das Gesagte direkt auf ein Tonbandgerät aufzunehmen und anschließend die Geschichte noch einmal zu hören.

Mögliche Anfänge für eine Geschichte:
- Es waren einmal zwei Zwerge, so klein wie ein Fingernagel, die eines Nachts in einen riesigen Supermarkt gelangten …

- Ein kleiner, grüner Tintenfisch schwamm durch das tiefe Meer. Da tauchte plötzlich vor ihm …
- Wuff, ein alter, grauer Hund sitzt seit drei Jahren im Tierheim. Eines Tages …

Unser Hörspiel

Spielintention: Die Kinder sollen sich Dialoge ausdenken und ihre Sprecher- und Hörerrolle einhalten.

Ein Hörspiel selber zu produzieren ist eine anspruchsvolle Aufgabe. Je jünger das Kind ist, desto mehr bedarf es eines Rahmens und einer Unterstützung. Diese Unterstützung darf aber nicht in die Richtung laufen, dass das Kind einfach nur nachspricht, um bei der Tonbandaufnahme ja nicht seinen Einsatz zu verpassen. Ein Hörspiel will vor der Aufnahme gut geplant sein und das Gesprochene sollte vorher mehrmals geprobt werden.

Beispiel: In einer Therapiesituation äußerte ein Kind den Wunsch, ein Hörspiel über sein Hobby Fußball zu gestalten. Wir schlüpften in die Rollen als Reporter und berühmter Fußballspieler, überlegten uns Fragen bzw. Antworten und grübelten, welche Geräusche während eines Fußballspiels auftreten. Mit Triller-Pfeife, Aus-Rufen, Jubelschreien, Fußstampfen, Tritte gegen einen Ball sowie einem Interview eines Reporters mit einem berühmten Fußballspieler entstand der Bericht eines spannenden Fußballspiels.

Rollenspiele

Spielintention: Den Kindern soll es möglich werden, in andere Rollen zu schlüpfen und sich damit auch mit andern sprachlichen Themen zu beschäftigen.

Kommunikationssituationen entstehen nicht über alltägliche Dinge. Beobachtet man das Spiel von Kindern, so entstehen im Spiel ganze Fantasiewelten. Gebrauchsgegenstände werden zu Persönlichkeiten und Kinder spielen die Personen, in die sie sich gerne hineinversetzen. Es gibt unendlich viele Möglichkeiten, in Rollen zu schlüpfen. Dabei sollte man sich an den Interessen des Kindes orientieren. So könnte man, verkleidet als Hexen, um die Wette zaubern, Verkäufer und Kunde spielen, Schatzsucher, benachbarte Bauern, Supermann oder Monster, die sich die neuesten Monstergeschichten erzählen …

Handpuppen, Fingergesichter und kleine Figuren

Spielintention: Schaffung von sprachlichen Anregungen.

Ein größerer Anreiz, in eine Rolle zu schlüpfen, ist gegeben, wenn sich das Kind verkleiden kann, seine Finger mit Gesichtern versieht, kleine Figuren in das Spiel mit einbeziehen kann oder eine Handpuppe sprechen lässt. Handpuppen kann man käuflich erwerben oder aber auch mit einfachen Mitteln selber basteln!

Fingergesichter:

Eine Handpuppe selber basteln:

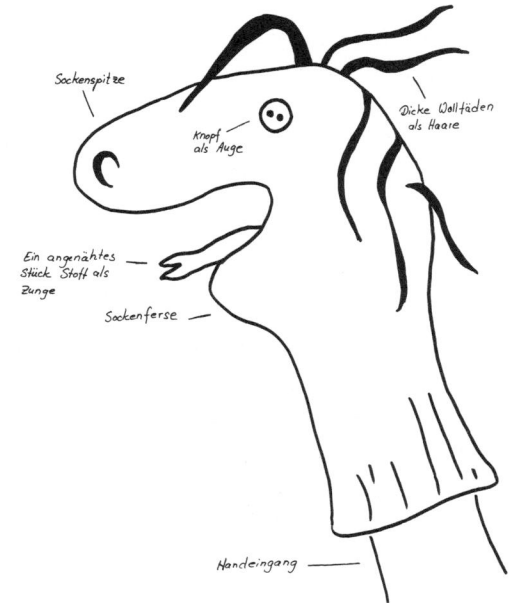

Material: Ein alter Socken, Nähgarn, Nadel und Faden, eine Schere, Woll- und Stoffreste, Kleber.

Anleitung: Geht man mit der Hand in einen Socken, so erhält man den Umriss vom Kopf eines Tieres mit einem Maul. Im Nu können aus Knöpfen Augen werden oder aus Wollfäden Haare, wenn man sie annäht. Der Fantasie sind hier keine Grenzen gesetzt!

Briefe schreiben

Spielintention: Den Brief oder das Telefon als Kommunikationsmedium nutzen.

Dies ist eine Übung für Kinder, die schon schreiben können. Ermutigen Sie das Kind dazu, Briefe zu schreiben, sei es an die Tante, die Großeltern oder einer Brieffreundin. Briefe zu schreiben fördert die schriftliche Ausdrucksfähigkeit, was auch Auswirkungen auf den mündlichen Sprachgebrauch hat. Einen Brief schreiben fordert das Kind heraus zu überlegen, über was es schreiben will, wie es zum Beispiel ein Erlebnis in Worte fasst sowie die gedankliche Vorwegnahme der Reihenfolge.

Auf Kinder, die noch nicht schreiben können, hat oft das Telefon eine große Anziehungskraft, die ausgenutzt werden sollte.

Kommunikation im Alltag

Spielintention: Aufbau des Vertrauens in die eigenen sprachlichen Fähigkeiten, Förderung der Selbstständigkeit.

Diese Idee kam mir, als ich in der Post ein etwa 5-jähriges Kind sah, das am Schalter fünf Briefmarken verlangte, diese bezahlte und stolz mit den Briefmarken zu seiner Mutter ging, die am Posteingang wartete. Lassen Sie Ihr Kind doch manchmal selber sagen, was Sie beide brauchen, ob es nun die Briefmarken bei der Post, der Aufschnitt beim Metzger, die Fahrscheine im Bus oder der Eintritt ins Schwimmbad sind.

Argumente und Gegenargumente

Spielintention: Gefühle und Meinungen in Worte fassen können.

Ein gesundes Durchsetzungsvermögen wirkt sich positiv auf das Sozialverhalten aus. Kinder mit umfassenden sprachlichen Fähigkeiten sind besser dazu im Stande, Konflikte verbal zu lösen, anstatt gleich mit körperlicher Gewalt zu reagieren. Diese spielerische Übung soll einen Beitrag zu einer positiven Selbstbehauptung leisten.

Ein Spieler fordert den anderen zu etwas auf oder teilt ihm seine Meinung zu einem bestimmten Thema mit, das nun diskutiert werden kann. Beispiele:

A: Ich gehe heute Schwimmen, kommst du mit?
B: Nein, ich muss noch Hausaufgaben machen!

A: Du bist ja ein toller Freund! Die Hausaufgaben kannst du auch noch später machen!

B: Sie sind aber wichtig, ich bin im Diktatschreiben nicht so gut – als Freund müsstest du das Verstehen!

usw. (nur für ältere Kinder geeignet).

Wer bin ich?

Spielintention: Förderung der mündlichen Ausdrucksfähigkeit.

Ein altbekanntes Spiel: Ein Spieler zieht einen Zettel mit einer Abbildung und klebt ihn auf die Stirn seines Spielpartners. Für junge Kinder eignen sich Abbildungen von ihnen bekannten Tieren. Jeder Spieler versucht nun durch Fragen herauszufinden, welches Tier er ist. Beispiel: Bin ich groß oder klein? Habe ich zwei Beine? Kann ich fliegen? Mache ich ein Geräusch? etc.

Pantomime

Spielintention: Unterstützung kommunikativer Fähigkeiten durch nonverbale Ausdrucksmittel wie dem Einsatz von Mimik und Gestik.

Als Einstiegsspiel eignet sich das Arbeitsblatt »Gesichtsausdrücke und Stimmungen« (S. 81). Nun kann gemeinsam versucht werden, kleine Spielsequenzen ohne den Einsatz von Sprache nachzuspielen. Hier sind einige Beispiele, die Sie zu Beginn vorlesen:

● Zwei Freunde kommen sich auf dem Fahrrad entgegen, begrüßen sich und fahren dann in dieselbe Richtung.

● Eine Frau kauft beim Bäcker ein Brot und vier Stücke Kuchen. Sie bezahlt, geht hinaus und die Kuchenstücke fallen ihr auf den Boden.

● Ein Junge geht mit seinem Hund spazieren. Der Hund beginnt zu ziehen und zieht den Mann hinter sich her, bis dieser die Leine loslässt. Er schaut dem Hund nach. Eine Frau fängt den Hund mit einer Wurst ein.

● Zwei Kinder spielen mit einem Ball. Auf einmal fällt der Ball in den Garten des Nachbarn. Eins der Kinder klettert über den Zaun und holt den Ball wieder. Das Grundstück wird aber von einem großen Hund bewacht. Schnell klettert das Kind wieder zurück.

Es lassen sich eine Vielzahl solch kleiner Spielszenen erfinden. Spielen mehrere Kinder mit, können die anderen auch erraten, was gerade geschieht.

Vorhang auf!

Spielintention: Anhand von kleinen, freien Theaterspielstücken sollen kommunikative Kompetenzen aufgebaut werden. Grundlage für diese Spielstücke können Bilderbücher für Kinder oder den Kindern schon bekannte Geschichten oder Märchen sein, die dann szenisch umgesetzt werden.

Bei diesem Spiel geht es nicht darum, Spielszenen zu lesen und auswendig zu lernen. Das würde auch den Spaß am Spiel verderben. Zunächst müssen Sie das Theaterstück dem Kind auf anderen Wegen zugänglich machen.

Es eignen sich Erzählungen zu Bildern oder zu einem Buch sowie der Einstieg durch eine Fantasiereise. Das Kind sollte sich bequem auf eine Matte legen und sich entspannen. Dabei helfen Ihre Worte gezielt: »Stell dir vor, du liegst auf einer Wiese, die warme Sonne scheint in dein Gesicht und du riechst den Duft der Blumen … langsam öffnest du die Augen …« Je nach Inhalt des Stückes kann so eine Fantasiereise anfangen. In ihrem weiteren Verlauf wird dann die Geschichte der Akteure erzählt.

Sie können die Reise so gestalten, dass das Kind außen stehender Betrachter ist und den Akteuren zuschaut oder sich vorstellt, ein Akteur zu sein. Nach diesen möglichen Einstiegen kann es wie folgt weitergehen.

Bühnenbild und Requisiten: Die einfachste Variante ist es, den Tisch als Ort der Handlung zu nutzen. Es ist aber auch möglich, einen großen Schuhkarton zu einem kleinen Theater umzubauen oder eine Spanplatte zur Bühne werden zu lassen. Requisiten lassen sich aus alltäglichen Materialien basteln, aus Styropor, Karton, Pappe etc.

Die Figuren: Kleine Figuren lassen sich ebenfalls gut selber basteln (siehe Arbeitsblätter »Fingerpuppen«, S. 149 und S. 151). Auf Flohmärkten oder in Spielzeugläden kann man für wenig Geld kleine Spielfiguren erhalten. Die schnellste Möglichkeit besteht darin, Figuren auf Pappe aufzumalen, diese auszuschneiden, den unteren Rand umzuknicken und ihn zu beschweren.

Ist das Kind von der Geschichte begeistert und hat es die Handlung verstanden, kann begonnen werden. Jeder erhält ein bis zwei Spielfiguren und die Geschichte wird nachgespielt. Es ist auch erlaubt, vom ursprünglichen Handlungsverlauf etwas abzuweichen oder aber die Geschichte über deren Ende hinaus weiter zu spielen.

Wahrnehmungsspiele

Was bedeutet der Begriff »Wahrnehmung«? Wahrnehmung wird definiert als Informationsaufnahme über die Sinne: Hören (auditive Wahrnehmung), Sehen (visuelle Wahrnehmung, Fühlen (taktile Wahrnehmung), Riechen und Schmecken gehören dazu.

Wir sehen mit den Augen die Welt, ihre Formen und Farben, wir hören mit den Ohren Stimmen, Lärm, Musik, wir fühlen die Welt mit unseren Händen, mit unserer Haut. Wir spüren die kalte Dusche, das weiche Kissen, das feuchte Tuch. Welchen Stellenwert hat die Wahrnehmung für die Entwicklung und die Lernprozesse, die das Kind durchlebt?

Die Wahrnehmung hat einen sehr hohen Stellenwert in der Entwicklung des Kindes! Wie sollte das Kind Wärme oder Kälte kennen lernen, wenn es diese nicht erspüren könnte? Wie sollte es die Sprache erlernen, wenn es Laute gar nicht oder unvollständig hört? Wie sollte es sich eine Vorstellung von einem Haus machen, ohne je ein Haus gesehen zu haben? Die einzelnen Sinnesfunktionen können nicht isoliert betrachtet werden. Die Augen verfolgen beispielsweise genau das, was die Hand tut. Führt die Hand eine andere Tätigkeit aus, so wandern auch die Augen auf diese Tätigkeit.

In den folgenden Abschnitten habe ich die Übungen nach den Schwerpunkten in den Wahrnehmungsbereichen getrennt. Doch sind bei einem Spiel zur auditiven Wahrnehmung beispielsweise auch die Augen und die Hände gefordert. Ist ein Bereich in der Entwicklung der Wahrnehmung gestört, so hat dies Auswirkungen auf die weiteren Entwicklungsprozesse, wie zum Beispiel auf den Spracherwerb.

Wie erlebt ein Kind die Welt, wenn es wahrnehmungsbeeinträchtig ist? Ich stelle die Frage anders: Wie fühlen Sie sich als erwachsene Person, wenn Sie etwas Neues, Unbekanntes spüren? Wie fühlen Sie, wenn Sie ein völlig fremdes Geräusch hören oder Sie in einer chinesischen Stadt sind und kein Wort verstehen? Wie fühlen Sie, wenn Ihre Sicht durch Nebel stark eingeschränkt ist? Vermutlich fühlen Sie ein Gefühl der Befremdung, das sich bis zur Angst steigern kann. Ein wahrnehmungsgestörtes Kind fühlt ähnlich. Unsere Aufgabe ist es nun, die Welt, die dem Kind befremdend erscheint, vertraut zu machen. Die Art und Weise, wie Sie dies tun, ist von besonderer Bedeutung! Überfüllen Sie das Kinderzimmer nicht mit Spielzeug und achten Sie darauf, dass Ihr Kind mehr aktive als passive Sinneserfahrungen macht. Besonders wichtig ist dies, wenn Ihr Kind zur Unruhe oder Hyperaktivität neigt.

Wahrnehmungsspiele zur auditiven Wahrnehmung (»Hörspiele«)

Zur Förderung der auditiven Wahrnehmung gehören alle Spiele, die das Kind über das Ohr aufnimmt. Folgende Spiele schulen die Fähigkeit, Geräusche, Sprache, Laute, Klänge besser zu differenzieren und sensibel für Höreindrücke zu werden. Das Hören ist für die Sprachentwicklung von besonderer Bedeutung, denn um Laute produzieren zu können, muss ich ihren Klang wahrgenommen haben.

Der Hörspaziergang

Spielintention: Dem Kind Geräusche aus der Umwelt bewusst machen.

Gehen Sie mit Ihrem Kind durch die Straßen, in den Park oder in die Stadt. Was hören Sie alles? Lauschen Sie aufmerksam! Schreiben Sie die Geräuschquellen auf und lassen Sie Ihr Kind zu Hause malen, was es auf dem Spaziergang gehört hat.

Signale beachten (Gruppenspiel)

Spielintention: Reagieren auf einen auditiven Reiz (Ausschalten der Musik).

Beispiel: Reise nach Jerusalem. Die Kinder marschieren um eine Stuhlreihe zur Musik. Ein Stuhl fehlt. Bricht die Musik ab, so muss sich jedes Kind so schnell wie möglich einen Stuhl suchen. Das Kind, das keinen Stuhl erwischt, scheidet aus.

Reimen

Spielintention: Klangverwandte Wörter ausfindig machen können.

Reimen Sie abwechselnd, zuerst mit Wörtern, dann in kurzen Sätzen. Wer findet die meisten Reimwörter? Zum Beispiel:

- Tee – Fee, Schnee, Klee, Reh …
- Baum – Raum, Traum, Flaum …
- Boot – Not, Rot, Tod, Lot …
- Hund – wund, gesund, bunt, rund …
- Dose – Rose, Hose, Soße … usw.

Wörter sammeln

Spielintention: Durch gemeinsames Hinhören gleiche Laute erkennen können.

- Wörter, die mit demselben Buchstaben beginnen (Tier, Turm, Tat, Tisch, Tuch, Tor …).
- Wörter, die mit demselben Laut beginnen (Lama, Lastwagen, lagern, lauschen, lachen …).

Bitten Sie Personen, die das Kind kennt (Oma, Opa, ein Elternteil, Freunde, Nachbarn etc.), einen oder zwei Sätze auf Kassette zu sprechen (z.B.: »Hallo Susanne, kannst du erraten, wer hier spricht?«)

Instrumente ausprobieren und Rhythmen nachahmen

Spielintention: Erkennen unterschiedlicher Lautstärken und Tonhöhen, Förderung des Rhythmusgefühls.

- Wie klingt das Instrument? Hoch oder tief? Man kann es langsam oder schnell spielen, laut oder leise. Versuchen Sie, Kinderlieder oder Kinderreime mit einem einfachen Instrument zu begleiten.
- Abwechselnd nimmt jeder ein Instrument aus dem Kreis und schlägt zuerst einen einfachen Rhythmus, den die Mitspieler mit den übrigen Instrumenten nachahmen sollen.

Instrumente erraten

Spielintention: Das Kind soll verschiedene Höreindrücke unterscheiden können.

Die Instrumente ausprobieren und benennen. Ein Spieler schließt die Augen, während der andere ein Instrument spielt. Welches Instrument hat er gespielt? Noch schwieriger wird es, wenn zwei oder drei Instrumente nacheinander gespielt werden.

Variante: Ein Spieler schließt die Augen, während der andere ein Instrument im Raum versteckt. Er muss das Instrument so lange spielen, bis er am Versteck angelangt ist.

Instrumente basteln

Das Schellenband

Material: Einen Streifen festen Stoff, Leder oder Gummilitze, die um die Hand oder um die Fußspitze reichen; drei bis fünf silberne, gut klingende Rollschellen; Nadel und Faden.

Mit Nadel und Faden die Schellen an das Band nähen. An jeder Seite einen dünnen Streifen Stoff zum Zubinden anbringen.

Die Trommel

Material: Als Trommelkörper kann man verwenden: Blechdosen, Blumentöpfe, Kartonröhren oder einen Eimer, Pergament oder reißfeste Folie, Schnur oder Klebeband.

Das Trommelfell über die Öffnung spannen und mit Schnur oder Klebeband befestigen.

Die Glühbirnenrassel

Material: Ausgebrannte Glühbirnen, Pappmaschee (Papierfetzen und Tapetenkleister).

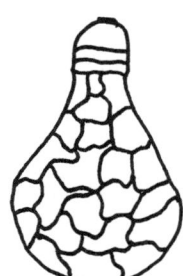

Die Glühbirne mit Pappmaschee überziehen und gut trocknen lassen. Anschließend die Glühbirne vorsichtig auf einen harten Gegenstand klopfen, bis das Glas innen zerspringt. Die Glassplitter rasseln bei jeder Bewegung.

Die Dosenrassel

Material: Leere Plastikbecher (z.B. Joghurtdosen) oder Getränkedosen, Sand oder Steinchen zum Füllen, Klebeband.

Die Dose mit Steinchen halb voll füllen und die Öffnung mit Klebeband verschließen.

Geräusche-Kissen

Material: Ein beliebiger Stoff oder z.B. ein altes Hemd, das zerschnitten werden kann. Nadel und Faden (oder die Nähmaschine), Schere. Kleine Gegenstände zum Füllen (Kirschkerne, Erbsen, Reis, Steinchen etc.).

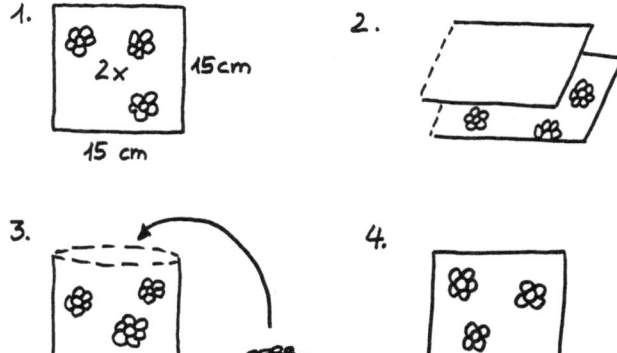

Schneiden Sie zwei gleich große Stoffstücke (Größe: ca. 15 × 15 cm) aus und legen Sie sie aufeinander, sodass die Stoffaußenseite verdeckt ist. Nun nähen Sie drei Stoffkanten zusammen, stülpen den nun entstandenen Beutel nach außen und füllen Sie ihn halb voll mit beliebigem Material. Zum Schluss nähen Sie die noch offene Kante zu.

Wahrnehmungsspiele zur visuellen Wahrnehmung (»Sehspiele«)

Zur Förderung der visuellen Wahrnehmung gehören alle Spiele, bei denen das Kind mit den Augen Farben, Formen und Bewegungen wahrnimmt und differenzieren kann.

»Ich sehe etwas, was du nicht siehst«

Spielintention: Merkmale von Gegenständen erfassen und benennen.

Suchen Sie sich einen Gegenstand im Raum aus und beschreiben Sie, wie er aussieht. Hat das Kind den Gegenstand erraten, darf es sich einen Gegenstand aussuchen (siehe auch Arbeitsblatt »Rate mal!«, S. 87, und Arbeitsblatt »A wie Auge«, S. 105).

Bilderbücher

Spielintention: Bilder sollen die Begriffe der gesprochenen Sprache veranschaulichen.

Schauen Sie sich gemeinsam mit Ihrem Kind Bilderbücher an. Beschreiben, erklären und fragen Sie Ihr Kind nach dem, was auf dem Bild zu sehen ist. Das Spiel »Ich sehe was, was du nicht siehst«, lässt sich auch in Verbindung mit dem Bilderbuch bringen.

Beispiel: »Ich sehe auf dem Bild etwas, was du nicht siehst, und das ist ein Mädchen, das gerade einen Ball fängt.«

Das Memory-Spiel

Das Memory-Spiel schult nicht nur besonders die visuelle Merkfähigkeit. Es kommt darauf an, aus vielen Bildern Paare herauszusuchen, die sich in Form und Farbe gleichen (siehe Arbeitsblatt »Körpermemory«, S. 57, Arbeitsblatt »Natur-Memory«, S. 71, Arbeitsblatt »Klecksmemory«, S. 121).

Gegenstände nach Farben ordnen

Spielintention: Erkennen gleichfarbiger Abbildungen, Benennen der Abbildungen.

Legen Sie verschiedene Gegenstände auf den Tisch, die einfarbig sind. Zum Beispiel

- eine rote Wäscheklammer, eine Tomate, einen roten Becher …,
- einen blauen Stift, ein blaues Kissen …,
- eine grüne Pflanze, einen grünen Lappen …

Das Kind soll nun die Gegenstände nach ihrer Farbe sortieren. Man kann diese Idee auch in ein Spiel einbinden, indem man einen Wettbewerb daraus macht, wer in der Wohnung oder im Zimmer die meisten roten, grünen, gelben oder blauen Gegenstände findet.

Gegenstände nach Formen ordnen

Spielintention: Kinder sollen erkennen, dass es unterschiedliche Formen gibt.

Ordnen Sie mit Ihrem Kind die Gegenstände nach ihrer Form. Unterscheiden Sie zwischen

- rund und eckig,
- flach und dreidemensional,
- nach anderen geometrischen Formen (Dreieck, Oval, Rechteck etc.).

Beispiele:
- Kreis und Kugel: Teller, Geldstück, Uhrenzifferblatt, Apfel oder Ball …
- Quadrat und Rechteck: Taschentücher, Kartenspiel, Tür, Portemonnaie, Buch, Handtuch …
- Dreieck: einige Verkehrsschilder, Tortenstück, Segel …

(Siehe auch Arbeitsblatt »Kreise und Quadrate«, S. 107, und Arbeitsblatt »Das Haus«, S. 109)

Puzzle-Spiele

Spielintention: Förderung der Fähigkeit, ein kleines Stück Bild im Zusammenhang des Ganzen zu sehen.

Das Kind muss beim Puzzle-Spiel Farbe und Form erkennen und zusammenfügen. Es ist sinnvoll, zunächst mit einfachen Puzzlespielen zu beginnen. Wählen Sie das Motiv nach den Interessen des Kindes aus, um es zu motivieren. Es gibt Puzzles mit Tier- und Automotiven oder zu bestimmten Kinderfilmen. Oft motivieren Puzzles Kinder, da immer etwas Neues entsteht. Anstatt das Puzzle nach der Fertigstellung zu zerstören, kann man es auch auf feste Pappe kleben, einrahmen und als Bild an die Wand hängen.

»Du bist mein Spiegel«

Spielintention: Gesichtsausdrücke wahrnehmen und selber umsetzen können.

Versuchen Sie abwechselnd alle Bewegungen des Partners genau nachzuahmen. Fordern Sie Ihr Kind auf, Ihnen ins Gesicht zu schauen und wiederzugeben, was Sie tun (siehe auch Arbeitsblatt »Gesichtsausdrücke und Stimmungen«, S. 81, und Arbeitsblätter »Pantomime«, S. 83 und S. 85).

Beispiele:
● Die Nase rümpfen,
● die Augenbrauen hochziehen,
● lächeln,
● die Lippen vorstülpen,
● die Wangen aufpusten,
● die Augen zukneifen,
● die Lippen mit der Zunge umrunden,
● die Zunge herausstrecken und schnell hin und her bewegen etc.

Was ist verschwunden?

Spielintention: Merktraining eines Gegenstandes und seines Namens durch genaues Hinsehen.

Mehrere Gegenstände (anfangs ca. fünf) liegen auf dem Tisch. Abwechselnd schließen Sie die Augen, während der andere einen Gegenstand wegnimmt. Welcher Gegenstand fehlt? Schwieriger wird es, je mehr Gegenstände auf dem Tisch liegen und je mehr Gegenstände man gleichzeitig verschwinden lässt.

Spiele mit Bauklötzen

Spielintention: Förderung der Wahrnehmung räumlicher Beziehungen.

Um die visuelle Wahrnehmung räumlicher Beziehungen zu fördern, ist es wichtig, dass sich das Kind auch mit dreidimensionalen Gegenständen beschäftigt. Ermutigen Sie es, mit Bauklötzen zu spielen und fordern Sie es auf, z.B. den roten Klotz auf, hinter, neben, unter den blauen Klotz zu stellen. Stellen Sie die Bauklötze in immer komplizierteren Beziehungen zueinander und lassen Sie Ihr Kind die Konstellationen nachbauen. Tun Sie dies abwechselnd, sodass auch Sie Ihrem Kind etwas nachbauen müssen.

Verkehrte Welt

Spielintention: Förderung der visuellen Aufmerksamkeit durch Veränderung einer bestehenden Ordnung.

Suchen Sie sich eine Ecke des Zimmers aus und fordern Sie das Kind auf, sich genau einzuprägen, wo welcher Gegenstand steht. Nun soll das Kind die Augen schließen und Sie verändern zunächst nur geringfügig und möglichst eindeutig die Umgebung. Das Kind hat die Aufgabe, die Veränderung zu erkennen. Anschließend verändert das Kind einige Gegenstände. Sie können auch so genannte Unsinnsbilder malen und das Kind erraten lassen, was an diesem Bild »nicht stimmt«! Beispiel: Abbildung eines Fisches, der über die Straße läuft, oder Sterne, die neben der Sonne am Himmel zu sehen sind.

Was ist denn das?

Spielintention: Versuchen, durch die Ansicht auf den Teil eines bestimmten Gegenstandes den Gegenstand selber zu bestimmen.

Für dieses Spiel eignen sich große, farbige Abbildungen am besten. Nun wird eine große schwarze Pappe mit Löchern (Kreise, Quadrate) versehen und auf die Abbildung gelegt. Das Kind soll erraten, um welches Bild es sich handelt oder welcher Gegenstand sich unter der Pappe versteckt. Es ist auch möglich, die Pappe in gleich große Quadrate zu zerschneiden und das Bild durch das Abnehmen der Quadrate nach und nach sichtbar zu machen.

Wahrnehmungsspiele zur takilen Wahrnehmung (»Tastspiele«)

Zur Förderung der taktilen Wahrnehmung gehören alle Spiele, durch die die Sensibilität der Haut des Kindes erhöht wird. Die Haut ist das größte Organ des Menschen. Sie hilft, die Wärme des Körpers zu regeln; über die Schweißdrüsen werden Giftstoffe abgesondert; durch die Poren findet die Hautatmung statt. Die Haut ist Schutz gegen mechanische und bakterielle Reize, sie speichert Fett, Flüssigkeit und Salze und vermittelt Schmerz, Temperatur und Tasteindrücke. Diese kurze Zusammenfassung aus einem Lexikon der Medizin informiert über die vielseitigen Aufgaben der Haut – lässt jedoch außer Acht, wie sich Berührungen über die Haut auf die Psyche auswirken. So wirken Schläge natürlich in erster Linie negativ, aber auch ein völliges Fehlen von Berührungen (Streicheleinheiten, Begrüßung, Umarmung) kann zu Krankheiten/Wahrnehmungsstörungen führen. Ein Säugling beispielsweise, der keine Berührung erfährt, würde sterben. Positive Berührungen sind damit Zeichen der Zuneigung, der Liebe, die wiederum eine Glücksgefühl hervorrufen.

Blinde Kuh

Spielintention: Förderung der Fähigkeit, über den Tastsinn Informationen zu erhalten.

Die Kinder bilden einen Stuhlkreis. Ein Kind bekommt die Augen verbunden und muss durch Tasten erraten, welches Kind vor ihm sitzt.

Der Rate-Beutel

Spielintention: Dinge durch das Ertasten ganzheitlich wahrnehmen. Der Begriff wird nicht nur mit seinem Abbild (erblicken des Gegenstandes), sondern auch mit seiner Beschaffenheit (erfühlen) in Verbindung gebracht.

Füllen Sie einen Beutel oder einen geeigneten Karton mit verschiedenen Gegenständen (zum Beispiel mit einer Feder, einem Stein, Schlüssel, Radiergummi, Ring, einem Stück Stoff etc.). Lassen Sie das Kind in den Beutel greifen und erraten, was es in den Händen hält. Wer die meisten Gegenstände errät, hat gewonnen (siehe auch Arbeitsblatt »Was fühle ich?«, S. 125).

Indianer-Spiel

Spielintention: Verbindung von taktilen Reizen mit sprachlichen Handlungen.

Dieses Spiel ist ein Rollenspiel. Stellen Sie sich vor, Sie sind Indianer, die sich gegenseitig mit Kriegsbemalung schmücken müssen. Nehmen Sie etwas Creme auf einen Finger und verstreichen Sie diese zum Beispiel auf die Nase (Wange, Kinn oder Stirn) des Kindes. Das Kind soll sagen, wo es die Creme spürt. Was könnten die Indianer an diesem Tag erleben?

Warmes Wasser – kaltes Wasser

Spielintention: Erspüren und Benennen des Gegensatzes »kalt« und »warm«.

Füllen Sie zwei Wannen mit Wasser, eine mit warmem Wasser, die andere mit kaltem Wasser. Fühlen Sie gemeinsam mit Ihrem Kind die Temperaturunterschiede. Geben Sie ein paar Tropfen auf verschiedene Körperteile (Hände, Arme, Hals, Beine) und lassen Sie Ihr Kind erraten, aus welcher Schüssel das Wasser stammt.

Gegensätze: hart – weich, glatt – rau

Spielintention: Erspüren und Benennen der Beschaffenheit verschiedener Gegenstände.

Ordnen Sie gemeinsam mit Ihrem Kind verschiedene Gegenstände nach Ihrer Beschaffenheit.

- *Harte Gegenstände:* Stein, Metall, Dose, Stift, Tasse, Schuhanzieher, Löffel etc.
- *Weiche Gegenstände:* Halstuch, Feder, Schwamm, Wattebausch, Stoff etc.
- *Glatte Gegenstände:* Teller, Spiegel, Frühstücksbrett, Brillengläser etc.
- *Raue Gegenstände:* Manche Teppichböden, Bürsten, Raufasertapeten etc.

Finden Sie Gemeinsamkeiten, d.h. Gegenstände, die z.B. glatt und hart sind.

Schmecken – Tasten mit der Zunge

Spielintention: Über den Mund sollen Eigenschaften von Lebensmitteln gespürt und auch benannt werden können.

Versuchen Sie mit verbundenen oder geschlossenen Augen Geschmacksrichtungen zu erraten. Bereiten Sie kleine Schälchen mit Gewürzen oder Obststücken (klein geschnittener Apfel) vor. Während Ihr Kind die Augen schließt, nehmen Sie zum Beispiel ein Stück Obst und stecken es in den Mund des Kindes. Errät es, um welche Obstsorte es sich handelt?

Die Gewürze Salz und Pfeffer nur in geringen Mengen vorlegen! Außerdem kann man zum Beispiel Gemüse, Getränke und verschiedene Lebensmittelbereiche erschmecken.

Das Arzt-Spiel

Spielintention: Taktile Informationen sollen sprachliche Fähigkeiten unterstützen (z.B. Fühlen der Wärmeflasche und Benennen des Wärmegefühles: »Das ist schön, warm, tut gut …).

Rollenspiel: Stellen Sie sich vor, Sie und Ihr Kind seien Arzt und Patient. Das Arztspiel ist ein sehr beliebtes Spiel, da Kinder gerne untersuchen und verarzten. Besprechen Sie vorher mit Ihrem Kind, was bei den verschiedenen Krankheiten getan werden muss, und verbinden Sie die Krankheiten mit Geschichten.

Beispiel: Ein Forscher wurde in letzter Sekunde aus einer Gletscherspalte befreit, in die er beim Besteigen eines Berges gefallen war. Nun liegt er im Krankenhaus und leidet an starkem Schüttelfrost. Der Arzt legt nun dem Patienten eine Wärmeflasche auf ein Körperteil, die jedoch nach einer Minute (Eieruhr stellen) gewechselt werden muss. Anschließend wird der halb erfrorene Forscher in eine weiche, warme Decke eingewickelt.

Oder es wird die Geschichte eines Forschers erzählt, der nach einem Abenteuer im Dschungel unter hohem Fieber leidet und mit Eiswürfeln behandelt werden muss.

Lieblingsstofftier herausfinden

Spielintention: Informationen durch das Ertasten erhalten und diese versuchen zu benennen.

Legen Sie alle Stofftiere und/oder Puppen des Kindes auf den Boden. Schafft es das Kind, mit geschlossenen Augen sein Lieblingsstofftier herauszufinden?

Die Methode des »Führens« nach F. Affolter

Spielintention: Über das »Führen« dem Kind Handlungen und Gegenstände vertraut machen.

Setzen Sie das Kind auf Ihren Schoß und legen Sie Ihre Hände auf die Hände Ihres Kindes, den Daumen genau auf den Daumen Ihres Kindes, Ihren Zeigefinger auf den Zeigefinger Ihres Kindes usw. Der wichtigste Grundsatz lautet: langsam führen!

Bei welchen Tätigkeiten soll das Kind geführt werden? Bei Tätigkeiten, bei denen das Kind motorische Schwierigkeiten hat, oder bei Tätigkeiten, vor denen es Angst hat, oder einfach bei Tätigkeiten, die es erlernen möchte, weil Sie das Kind neugierig machen.

Beispiele: Führen Sie Ihr Kind bei komplizierteren Bastelarbeiten, bei dem Schälen von Obst, beim Schmieren eines Brotes, beim Schuhezubinden, beim Erlernen des Zähneputzens usw. Folgende Reihenfolge sollte konsequent eingehalten werden:

- *Berühren:* Wie fühlt sich der Gegenstand an? Mag das Kind ihn anfassen oder zieht es seine Hände zurück? Zwingen Sie Ihr Kind nicht, den Gegenstand zu berühren, sondern machen Sie es neugierig, indem Sie den Gegenstand zuerst berühren.
- *Umfassen:* Welche Form hat der Gegenstand?
- *Bewegen:* Was kann ich mit dem Gegenstand tun?

So ist es sinnvoll, das Kind beispielsweise erst die Birne berühren und umfassen zu lassen, anstatt ihm direkt das Schälmesser in die Hand zu drücken.

Armbeugen-Stopp

Spielintention: Förderung der Sensibilität der Haut.

Ihr Kind streckt Ihnen seinen ärmelfreien Arm entgegen und schließt die Augen. Streichen Sie nun mit Ihrem Zeigefinger von der Handwurzel den Unterarm nach oben entlang. Hat das Kind das Gefühl, dass Ihr Zeigefinger in seiner Armbeuge angelangt ist, so sagt es »Stopp!«.

Knete, Salzteig, Ton und Pappmaschee

Spielintention: Durch den körperlichen Umgang mit dem Material werden Begriffe verinnerlicht. Einzelne Handlungsschritte sollen von der Bezugsperson sprachlich begleitet werden.

Basteln Sie mit Ihrem Kind aus Knete, Salzteig, Pappmaschee und Ton kleine Figuren oder Schalen. Es gibt unendlich viele Möglichkeiten der Formgestaltung.

Das Werken mit *Knete* ist die einfachste Möglichkeit, Formen zu gestalten. Knete ist in fast allen Farben zu erhalten und immer wieder verwendbar – wenn man sie in einer Dose luftdicht aufbewahrt.

Für den *Salzteig* nehmen Sie am besten preiswerte Mehlsorten. Er setzt sich aus folgenden Zutaten zusammen: $^3/_4$ Liter Wasser, 200 g Mehl, 400 g Salz.

Lassen Sie Ihr Kind den Teig gründlich durchkneten, bis er geschmeidig ist und nicht mehr am Schüsselrand klebt. Formen Sie nun das Objekt. Bastelbücher geben Anregungen, was man für Figuren aus Salzteig entstehen lassen kann.

Anschließend muss das Objekt 30–60 Min. (je nach der Dicke des Objektes) im Backofen bei etwa 50°C gebacken werden. Das fertige Stück wird bemalt (mit Wasserfarbe) und lackiert.

Ton bekommt man in dunkelbraun, hellbraun und weiß. Nehmen Sie ein Stück Ton und schlagen Sie es kräftig auf ein Holzbrett, damit er weicher wird und die Luftblasen im Material verschwinden. Formen Sie das Material mit Ihrem Kind in eine Kugel, in Würfel, Obststücke, Autos, flache Gesichter, Tiere. Legen Sie die fertigen Stücke auf Zeitungspapier und schlagen Sie größere Objekte mit feuchten Tüchern ein. In vielen Bastelgeschäften kann man die Tongegenstände gegen eine Gebühr brennen lassen. Dort ist auch eine spezielle Glasur für Ton erhältlich.

Eine weitere Möglichkeit ist das Arbeiten mit *Pappmaschee*. Ein großer Kochtopf wird bis zur Hälfte mit Schnipseln aus Zeitungspapier gefüllt. Dann gießen Sie Wasser bis zum Rand hinein und lassen dies 15 Minuten kochen. Rühren Sie das Papier zu Brei und gießen Sie alles durch ein Sieb. Geben Sie nun ca. 5 Esslöffel Tapetenkleister hinzu. Ist der Brei zu feucht, um ihn zu bearbeiten, fügen Sie noch kleine (!) Zeitungsschnipsel hinzu. Anschließend muss das Objekt in der Sonne auf der Fensterbank oder auf einer Heizung ca. 2–3 Tage trocknen, ehe Sie es bemalen können.

Kleider ertasten

Spielintention: Die Beschaffenheit und Form von Kleidungsstücken kennen lernen.

Legen Sie in die Mitte eines Raumes Kleidungsstücke von sich und Ihrem Kind. Verbinden Sie sich gegenseitig die Augen und ertasten Sie, welche Gegenstände Ihnen gehören. Schauen Sie sich vorher mit Ihrem Kind die verschiedenen Kleidungsstücke noch einmal genau an. Können Sie und Ihr Kind die passenden Kleidungsstücke heraussuchen und sie mit verbundenen Augen anziehen?

Fühlkisten

Spielintention: Themengebundene Förderung der taktilen Wahrnehmung.

Dieses Spiel erfordert im Aufbau einige Mühe. Vorteil ist jedoch, dass man es immer wieder einsetzen kann. Sie brauchen ungefähr zehn Schuhkartons (Schuhgeschäfte sind immer dankbar, Abnehmer zu finden!). Schneiden Sie an der längeren Seite je ein Loch hinein, in das eine Kinderhand passt. Je nach Thema füllen Sie die Kartons mit unterschiedlichen Dingen, die die Kinder durch fühlen erraten sollen. Will man im Sinne einer Erweiterung des Wortschatzes den Oberbegriff »Natur« vertiefen, füllen Sie die Kartons mit Gegenständen aus der Natur.

Beispiel »Natur«: Gras, Steine, Blätter, Äste, Erde, Kastanien, Tannenzapfen, Moos, Tannennadeln usw.

Beispiel »Spielzeug«: Ball, Murmeln, Bauklötze, Spielzeugauto, Stofftier, Seilchen, Kreisel usw.

Innerhalb einer großen Gruppe kann sich jedes Kind einen Karton nehmen, ihn mit einem Gegenstand füllen und ein anderes Kind auffordern, den Gegenstand durch Fühlen zu erraten. Eine weitere Möglichkeit besteht darin, dass zwei Kinder (oder zwei Gruppen) gegeneinander spielen. Der Karton steht in der Mitte, und jeder benutzt eine Öffnung, um den Gegenstand zu erraten. Wer zuerst richtig rät, hat gewonnen.

Bewegungsspiele

Wir bewegen uns den ganzen Tag. Schon, wenn der Wecker schellt, springen wir aus dem Bett. Bewegung soll hier nicht vorrangig als sportliche Aktivität verstanden werde. Es geht in erster Linie um spielerische Übungen, wobei die Bewegungen gezielt sein sollen. Das macht den Unterschied zu alltäglichen Bewegungen, wie zum Beispiel das Abtrocknen von Geschirr, aus. Vielleicht hat Ihr Kind schon mehrmals Geschirr abgetrocknet und kennt diesen Bewegungsablauf. Durch die hier vorgestellten Bewegungsspiele werden neue Bewegungsmuster- und Kombinationen ausprobiert. Von Bedeutung ist dabei die gedankliche Vorwegnahme der Bewegungsausführung. Gerade dieser Vorgang schult die Bewegungskoordination. Der Übungsschwerpunkt liegt aber trotzdem auf der spielerischen Schulung der Körperbewegung.

Ein anderer Aspekt ist ebenfalls von Bedeutung: In den meisten Schulen müssen die Kinder stillsitzen und über weite Strecken Kopfarbeit leisten. Zu Hause sitzen viele Kinder vor dem Fernseher oder dem Computer. Möglichkeiten, sich zu bewegen, werden nicht oder kaum wahrgenommen. Die Folgen können Übergewicht oder Haltungsschwächen sein. Dabei wird eine Einheit von Intellekt und Bewegung seit der reformpädagogischen Bewegung gefordert. Nicht nur die bekannte Reformpädagogin Maria Montessori, sondern auch Kerschensteiner (ein Zeitgenosse Montessoris) spricht von einer »Intelligenz der Hand«. Das bedeutet, dass auch die Handarbeit dazu führen kann, etwas zu

verstehen, im wahrsten Sinne des Wortes: etwas zu begreifen. Denn das, was man selber tut, bleibt uns eher im Gedächtnis als das, was uns nur gesagt wird.

Die folgenden Spiele sind nach Bewegungsspielen für den ganzen Körper, nach Hand- und Fingergeschicklichkeitsspielen und nach Mundgeschicklichkeitsspielen geordnet. Bewegungsspiele sollen in erster Linie Freude an der Bewegung vermitteln. Hand- und Fingergeschicklichkeitsspiele fördern die Feinmotorik. Ebenso ist es mit den Mundgeschicklichkeitsspielen, bei denen deutlich wird, wie Sprache mit Bewegung zusammenhängt. Eine weite, offene und nach vorn verlagerte Artikulation ist die Basis für eine deutliche Aussprache. Die folgenden Spiele sollen dazu einen Beitrag leisten. Grund für eine undeutliche oder verwaschene Aussprache kann eine zu schwache Zungenmuskulatur oder ein nasaler Klang der Stimme sein. Auch bei Kindern, die zu schnell sprechen, wird die Aussprache undeutlich: Laute, Silben oder ganze Wörter werden verschluckt. Hier sind Spiele angebracht, die auf eine ruhigere, verlangsamte Sprechweise zielen und die eine gleichmäßige Atmung erfordern.

Bewegungsspiele für den ganzen Körper

Durch zu kleine Bewegungs- und Aktionsräume werden Kinder bewegungsunruhig, reaktionsschwach und gleichgewichtsunsicher. Die folgenden Spielvorschläge eröffnen einige Möglichkeiten, dem entgegenzuwirken. Es geht darum, Freude an der Bewegung und am Spiel zu wecken. Das Schlüsselwort heißt Spaß (siehe auch Arbeitsblatt »Jonglieren«, S. 131, Arbeitsblatt »Mein beweglicher Körper«, S. 133, Arbeitsblatt »Tierbewegungen«, S. 135, und Arbeitsblatt »Der kleine Tanz«, S. 137)!

Ballspiele

Spielintention: Bewegung zur Unterstützung einer sprachlichen Haltung.

Ein Ball reizt ein Kind fast immer, ihn zu ergreifen und mit ihm zu spielen. Es gibt Hunderte von Möglichkeiten, mit einem Ball zu spielen: den Ball werfen, rollen, dribbeln, schießen etc. Ballspiele lassen sich auch gut mit sprachlichen Übungen verbinden. Als Beispiel sei die Wortschatzerweiterung mit Oberbegriff »Essen und Trinken« genannt. Wir setzen uns ein paar Meter vom Kind entfernt auf den Boden und rollen uns den Ball gegenseitig zu. Bei jedem Rollen nennen wir abwechselnd etwas, das man essen oder trinken kann. Oder der Ball wird als Hilfe genommen, die Silbenbildung zu verstehen. Beim Dribbeln des Balles auf den Boden sprechen wir eine Silbe aus (Beispiel: Ei-sen-bahn).

Luftballons

Spielintention: Ermöglichen von Bewegungen, gleichzeitige sprachliche Anregung.

Ebenso wie Bälle üben Luftballons eine große Anziehungskraft auf Kinder aus. Schon das Aufpusten erfordert Bewegung. Luftballons haben gegenüber den Bällen den Vorteil, dass sie sich langsamer bewegen. So kann der Luftballon zum Beispiel hochgeworfen werden und in dieser Zeit müssen wir eine bestimmte Bewegung ausführen und ihn dann wieder fangen. Zum Beispiel hochwerfen, eine Drehung machen und den Luftballon wieder auffangen.

Die Seiltänzerin

Spielintention: Förderung des Gleichgewichtssinns.

Um das Gleichgewicht zu schulen, legt man ein Seil auf den Boden oder malt mit Kreide einen Strich auf die Erde. Nun soll das Kind versuchen, wie eine Seiltänzerin auf dem Seil zu balancieren. Auch hier können weitere Übungen eingebaut werden, wie zum Beispiel das Rückwärtslaufen, das Vollführen von kleinen Sprüngen auf dem Seil oder das Balancieren verschiedener Gegenstände (siehe auch Arbeitsblatt »Spring mit dem Seil«, S. 129).

Spannung und Entspannung

Spielintention: Positiver Einfluss einer insgesamt entspannten Körperhaltung auf die Stimme.

Entspannung hilft besonders ängstlichen und überaktiven Kindern. Durch ein Anspannen wird das positive Gefühl der Entspannung verstärkt. Bilder können Kindern helfen, sich die An- und Entspannung vorzustellen. So könnte der Armmuskel ein Flitzebogen sein, den man spannt und (nachdem der Pfeil weggeschossen wurde) wieder entspannt. Weitere Hinweise zu Übungen und Spielen, besonders zum Bereich »Entspannung mit Kindern«, finden Sie im Literaturverzeichnis.

Fahrrad fahren

Spielintention: Förderung des Gleichgewichts.

Fast jedes Kind lernt heute das Fahrradfahren. Mit Kreide werden Kreise, Achten oder Schlangenlinien auf den Boden gemalt, die das Kind nachfahren kann. Oder es werden durchgeschnittene Tennisbälle auf den Boden gelegt, die es gilt zu umfahren.

Varianten: Die gleichen Übungen können natürlich auch mit einem Roller oder Inline-Skates durchgeführt werden. Sinnvoll ist es auch, gezielt das Bremsen zu üben, z.B. durch einen Querstrich mit Kreide, der »Anhalten« symbolisiert. Auf diese Weise kann ein kleiner Parcours aufgebaut werden.

Spiegelbild

Spielintention: Bewegungen ermöglichen, Schwierigkeit: Spiegelverkehrtheit, sprachliche Anregung.

Sagen Sie dem Kind, es wäre Ihr Spiegel und solle die Bewegungen nachahmen, die Sie auch machen. Sie können sich drehen, hüpfen, kriechen, klatschen, stampfen, springen, schleichen usw. Dann wechseln Sie die Rollen (siehe auch Arbeitsblatt »Der Zappelbär«, S. 127).

Der Bewegungsspaziergang

Spielintention: Spaß an Bewegungsabläufen vermitteln, Spiel an sich bietet sprachliche Anregung.

Bewegung an der frischen Luft macht noch mehr Spaß. Gehen Sie vorher die Strecke ab und befestigen Sie an Bäumen oder Bänken kleine Zettel, auf denen steht, was gemacht werden soll. Anschließend gehen Sie mit Ihrem Kind oder der Kindergruppe den Weg ab. Auf den Zetteln stehen dann Bewegungsspiele wie an Bäumen Handstand machen, einen Hügel hinaufrennen, über eine Parkbank klettern, in einer bestimmten Zeit Eicheln (je nach Jahreszeit) sammeln oder zehn Meter wie eine Katze schleichen.

Das riesige Spinnennetz

Spielintention: Förderung des Gleichgewichtes innerhalb einer spielerischen Handlung (Spinne und Spinnennetz).

Knüpfen Sie Fäden quer durch den Raum und fordern Sie das Kind auf, durch den Raum zu gehen, ohne einen Faden zu berühren. Dabei sollten die Fäden so gespannt werden, dass es auch schwierige Stellen gibt, die es zu überwinden gilt.

Aufgepasst!

Spielintention: Gehörte Signale in Bewegungen umsetzen.

Dieses Spiel lässt sich gut mit einer Gruppe spielen. Zu Beginn werden drei Zeichen vereinbart.

Beispiel: Beim Ertönen eines Pfeifensignals müssen sich alle Kinder auf den Boden setzen, beim In-die-Hände-Klatschen ein Bein anheben und beim Fingerschnipsen eine Drehung machen.

Inselhüpfen

Spielintention: Auf spielerische Weise werden Bewegungen möglich gemacht, die mit sprachlichen Aktivitäten in Verbindung stehen können.

Auf den Boden werden Putzlappen (bei Teppich) oder Teppichfliesen (bei glattem Boden) gelegt. Jedes Stück Stoff ist eine Insel. Jeder Spieler muss versuchen, von einer Insel zur anderen zu kommen. Für jede Insel, die er besucht hat, gibt es zwei Punkte. Liegt eine Insel zu weit entfernt, muss er »schwimmen«, dafür bekommt er nur einen Punkt. Kommt er nicht an der Insel an, landet er im Wasser und es wird ihm ein Punkt abgezogen. Auf den Inseln können sich auch Bildkarten befinden, die Tiere zeigen, die auf der Insel leben. Jeder Spieler, der eine Insel besucht, muss die Tiere benennen, die hier leben.

Reissäckchen auf dem Kopf balancieren

Spielintention: Förderung des Gleichgewichtssinnes.

Einfach ein mit Reis (oder Sand) gefülltes Stoffsäckchen auf den Kopf legen und versuchen, durch den Raum zu laufen, ohne es zu verlieren.

Ball und Tuch

Spielintention: Bewegungen ermöglichen, Bewegung als Begleitung sprachlicher Aktivitäten.

Halten Sie ein Tuch aufgespannt – jeder nimmt zwei Ecken des Tuches in die Hand, zwei Sie und zwei das Kind. In die Mitte legen Sie einen Softball. Nun kann der Ball mit Hilfe des Tuches bewegt werden. Dieses Spiel kann auch mit sprachlichen Aktivitäten in Zusammenhang gebracht werden.
    Beispiel: Frage-Antwort-Spiel. Bei jedem Wort der Frage »Magst du Schokolade?« wird der Ball mit dem Tuch in die Luft befördert.

Dosenwerfen

Spielintention: Bewegungen ermöglichen, sprachliche Äußerungen anregen.

Ein altbekanntes Spiel. Eimer, Dosen oder Toilettenpapierrollen werden wie eine Pyramide aufgebaut. Wem es in drei Versuchen gelingt, alle Dosen umzuwerfen, hat gewonnen. Sprachliche Anregungen bieten zum Beispiel Bilder oder Muster, die auf die Dosen geklebt werden. Werden die Dosen nicht als Pyramide, sondern in einer Reihe aufgestellt, so muss der Spieler die Dose benennen, die er treffen will: »Ich treffe die gestreifte Dose!«

Das Löffelwettrennen

Spielintention: Förderung des Gleichgewichts, sprachliche Anregung durch das Spielen in einer Mannschaft.

Dies ist ein beliebtes Spiel, das gerne auf Kindergeburtstagen gespielt wird. Jedes Kind bekommt einen Löffel in die Hand. Nun soll versucht werden, Kartoffeln (Nüsse, Kastanien, Ping-Pong-Bälle etc.) von einer Schüssel in die andere zu transportieren.

Wasserspiel

Spielintention: Ermöglichen von Bewegungen, sprachliche Anregung durch das Spielen in einer Mannschaft.

Benötigt werden Becher oder Tassen und zwei Eimer, von denen einer mit Wasser gefüllt ist. Nun soll mit den Bechern versucht werden, das Wasser von einem Eimer in den anderen zu füllen. Dabei sind zwei Dinge zu beachten: Zum einen sollte es zügig geschehen und zum anderen darf so wenig Wasser wie möglich daneben gehen.

Sackhüpfen

Spielintention: Förderung der Geschicklichkeit, sprachliche Anregung durch die Wettbewerbssituation.

Dieses Spiel kann mit einem Sack oder einem alten Bettbezug gespielt werden. Das Kind steht in dem Bezug, hält ihn mit beiden Händen hoch und versucht, vorwärts zu hüpfen. Dies kann im Zweier- oder Gruppenwettkampf geschehen oder die Zeit wird gestoppt.

Spuren suchen

Spielintention: Ermöglichen von Bewegungen, bietet sprachliche Anregung durch Einbindung in eine Detektivgeschichte.

Für dieses Feld wird eine große Fläche benötigt. Autofreie Straßen oder asphaltierte Plätze eignen sich gut. Mit Kreide werden nun Fußspuren auf den Boden gemalt. Man kann auch die eigenen Füße umranden. Das Kind soll nun versuchen, wie ein Detektiv den Fußspuren zu folgen und, wenn möglich, mit seinen eigenen Füßen in der gemalten Spur bleiben. Schafft es der Detektiv, den Dieb zu fangen? Oder macht dieser zu große Schritte?

Das Murmelspiel

Spielintention: Durch die Bewegung Anreize zu sprachlichen Äußerungen geben.

Dieses Spiel eignet sich gut, um Bewegung und Sprache miteinander zu verbinden. Bildkarten mit verschiedenen Abbildungen werden an die Wand gelehnt. Je nach Bereich, der durch den spielerischen Umgang geübt werden soll, fallen die Abbildungen aus. Bei einem mangelhaften Wortschatz im Bereich »Tiere« können zum Beispiel Tierabbildungen ausgewählt werden etc. Das Kind soll nun versuchen, mit der Murmel aus ein, zwei Metern Abstand, das gewünschte Bild zu treffen. Aber es soll vorher sagen, welche Karte es treffen will! (Beispiel: »Ich will jetzt den Esel treffen!«)

Triffst du?

Spielintention: Förderung von zielgerichteten Bewegungen.

Man braucht mehrere Eimer, die mit Zahlen versehen werden. Mit Tennisbällen (oder anderen Bällen) soll nun versucht werden, die Eimer zu treffen. Dabei sollte der Abstand zu den Eimern schon recht groß sein, damit es nicht zu einfach ist. Die Punkte ergeben sich aus der Zahl, die auf dem Eimer steht. Deshalb ist es natürlich sinnvoll, Eimer mit hohen Punktzahlen nach hinten zu stellen. Sprachlich kann dieses Spiel begleitet werden, indem ein Spieler vorauszusagen versucht, welchen Eimer er trifft: »Ich versuche, den Eimer mit der Nummer 9 zu treffen.«

Stelzenlauf

Spielintention: Ermöglichen von Bewegungen.

In zwei Dosen werden je zwei Löcher gestanzt. Nun führt man dünne Seile durch diese Löcher. Das Kind stellt sich nun mit den Füßen auf die Dosen, nimmt die Seile in die Hand und versucht, sich fortzubewegen.

Bewegung im Zirkus!

Spielintention: Vermittlung von Freude an der Bewegung.

Sinn dieses Spieles ist es, durch ein Rahmenthema die Freude an der Bewegung zu verstärken. Zu Beginn können die Kinder über Erfahrungen im Zirkus berichten. Gemeinsam werden für die eigene Zirkusvorstellung Akteure herausgesucht und Bewegungen erarbeitet. Noch mehr Spaß macht die Vorstellung, wenn passende Musik die Vorstellung begleitet. Ideen für Bewegungselemente der Akteure:

- *Die Seiltänzerin:* Balanciert über ein auf dem Boden liegendes Seil, vielleicht mit einem Stab in den Händen. Ist die Möglichkeit vorhanden, kann auch eine Bank aus der Turnhalle umgedreht werden und als »Seil« genutzt werden.
- *Der Löwe:* Schleicht um den Dompteur herum und springt dann durch verschiedene Reifen.
- *Der Clown:* Versucht, eine imaginäre Fliege zu fangen und landet dabei immer wieder auf dem Hosenboden.
- *Der Zauberer:* Er verwandelt ein Kind in einen Affen (dabei muss das verzauberte Kind die Bewegungen eines Affen nachahmen), anschließend in einen Elefanten (mit den Füßen trampeln) und in einen Vogel (mit entsprechenden Armbewegungen einen Vogel nachahmen).

Fang die Maus!

Spielintention: Ermöglichen von Bewegungen, bietet sprachliche Anregung durch das Katze-Maus-Spiel.

Wir benötigen ein Seil und ein Tuch. An ein Ende des Seiles wird ein Tuch geknüpft, das andere Ende wird am Gürtel befestigt oder es wird einfach beim Rennen hinterhergezogen. Das Seil ist der Mauseschwanz. Das Kind, das den Mauseschwanz hat, muss rennen, das andere Kind ist die Katze und muss versuchen, den Mauseschwanz zu fangen.

Die Reise durch den Dschungel

Spielintention: Vermittlung von Freude an der Bewegung.

Dieses Spiel versucht, eine Geschichte aufzugreifen, die zu Bewegungen anregt. Die Reise muss vom Spielleiter gut vorbereitet werden. Man benötigt außerdem einen größeren Raum, wenn das Wetter das Spiel im Freien nicht erlaubt.

- »Stellt euch vor, ihr geht durch einen großen Dschungel, in dem eine Vielzahl an Bäumen wachsen!« (Kinder gehen im Raum umher.) »Auf einmal hört ihr ein seltsames Geräusch, ein Fauchen und Kratzen! Ihr versucht, euch so leise wie möglich davonzuschleichen!« (Auf Zehenspitzen durch den Raum gehen.)
- »Ihr seht einen Fluss, in dem große Steine liegen! Springt von Stein zu Stein über den Fluss! Dann habt ihr das unheimliche Tier abgehängt!« (Die Kinder springen von Teppichfliese zu Teppichfliese oder von Tuch zu Tuch, je nachdem, was die Steine symbolisiert.)
- »Plötzlich fängt es an zu regnen, erst ganz langsam, dann fallen viele, dicke Regentropfen vom Himmel.« (Der Spielleiter schlägt auf eine Trommel, erst langsamer, dann immer schneller. Die Kinder sollen je nach Tempo langsam oder schnell laufen, um dem Regen zu entgehen.)
- »Ihr setzt euch unter ein riesiges Blatt, das euch Schutz vor dem Regen bietet.« (Die Kinder setzen sich hin und ruhen sich kurz aus.)

Auf diese Weise lässt sich die Reise durch den Dschungel mit unendlich vielen Variationen weiterführen.

Handgeschicklichkeits- und Fingerspiele

Sie werden sich vielleicht fragen, was die Hände und Finger mit der Sprache zu tun haben? Eine ganze Menge! Zum einen gehen Sprachstörungen häufig mit motorischen Unsicherheiten einher, zum anderen unterstützen unsere Hände das, was wir mitteilen wollen. In überlieferten Fingerspielen für Kinder werden Bewegung und Sprache miteinander verknüpft (z.B. in dem Fingerspiel: Zehn kleine Zappelmänner) (siehe auch Arbeitsblatt »Unterwasserwelt«, S. 139, Arbeitsblatt »Händespiel«, S. 143, Arbeitsblatt »Strich und Punkt«, S. 145, Arbeitsblatt »Schere, Papier, Brunnen und Stein«, S. 147, Arbeitsblatt »Fingerpuppen a und b«, S. 149 und S. 151, und Arbeitsblatt »Schattentheater«, S. 153).

Knöpfe balancieren

Spielintention: Förderung feinmotorischer Fähigkeiten (etwas ausbalancieren).

Auf eine Fingerkuppe wird ein Knopf gelegt. Das Kind soll versuchen, mit diesem Knopf durch den Raum zu laufen und möglichst so ruhig, dass dieser nicht hinunterfällt. Schwieriger wird es, wenn auf jeder Fingerkuppe ein Knopf liegt.

Fingerbild

Spielintention: Förderung der Fingergeschicklichkeit, Verbalisieren des Gemalten.

Die Finger als Pinsel benutzen! Mit Fingerfarbe können zum Beispiel Glasscheiben bemalt werden. Vorteil ist, dass die Farbe nicht durch einen Pinsel, der geführt werden muss, auf das Blatt gebracht wird. Lassen Sie das Kind beschreiben, was es gemalt hat.

Murmeln in ein Ziel treffen

Spielintention: Förderung der Hand- und Fingergeschicklichkeit.

Basteln Sie aus längsseits durchgeschnittenen Joghurtbechern kleine Tore und versuchen Sie gemeinsam mit dem Kind, in diese Tore Murmeln zu rollen.

Fang die Kugel

Spielintention: Förderung feinmotorischer Fähigkeiten (Handgeschicklichkeit).

In den Boden eines Joghurt- oder Plastikbechers wird ein Loch geschnitten. Durch dieses Loch wird ein Faden gezogen. Ein Ende des Fadens klebt man an den Becherboden an. An das andere befestigt man eine Kugel. Nun soll versucht werden, die Kugel in den Becher zu bringen, und zwar durch das Bewegen des Bechers.

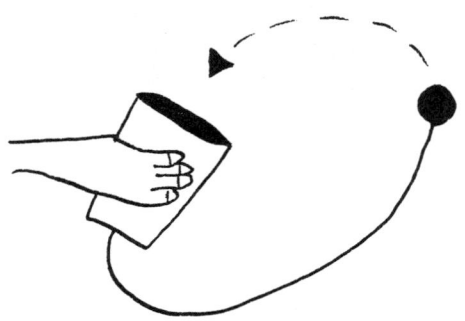

Zauberbild

Spielintention: Hand- und Fingergeschicklichkeit fördern, Sprechanlass bieten. Was ist auf dem Bild zu sehen?

Ein weißes Blatt mit bunten Wachsmalern bemalen, anschließend mit schwarzer Kreide übermalen. Mit einem spitzen Gegenstand (Nagel etc.) das Bild bearbeiten. Die bunte Kreide leuchtet so unter der schwarzen Kreide hervor.

Trommeln

Spielintention: Förderung der Handgeschicklichkeit und des Gefühls für Rhythmus.

Trommeln fördert deshalb die Handgeschicklichkeit, da der Trommelschlag auf Grund des geforderten Rhythmus gezielt erscheinen muss. Singen Sie ein einfaches Kinderlied (oder lassen Sie es von Kassette/CD ablaufen) und versuchen Sie, gemeinsam mit dem Kind den Rhythmus mitzutrommeln.

Wäsche aufhängen

Spielintention: Durch handelnden Umgang mit alltäglichen Gegenständen, diese benennen können und Abläufe begreifen lernen.

Das Aufhängen von Wäsche sowie andere alltägliche Arbeiten erfordern oft Handgeschicklichkeit. Für ein Kind im Vorschulalter ist es nicht unbedingt einfach, ein Kleidungsstück mit Hilfe einer Klammer aufzuhängen. Versuchen Sie das Kind an häuslichen Arbeiten, die Handgeschick erfordern (abtrocknen, kochen, backen, pflanzen etc.) zu beteiligen. In der Regel sehen jüngere Kinder dies nicht als Arbeit an, sondern sind stolz, eine Aufgabe übernehmen zu dürfen, die sonst nur von Erwachsenen erledigt wird.

Angelspiel

Spielintention: Förderung der Fingergeschicklichkeit in Verbindung mit der Möglichkeit, sprachliche Anregungen zu schaffen: »Was hast du geangelt?« »Kennst du diesen Gegenstand?«

Dieses Spiel ist käuflich zu erwerben, Sie können es aber auch selber basteln. Dazu benötigen Sie bunte Pappe, Tesafilm, eine Schere, Büroklammern, Wolle, ein Magnet und ein dünnes Stück Rundholz, das die Länge eines Bleistiftes hat. Aus blauer Pappe basteln Sie nun ein Aquarium oder Sie nehmen einen Karton, er muss nur hoch genug sein. Anschließend aus der bunten Pappe Fische ausschneiden und jeden Fisch mit einer Büroklammer versehen. Für die Angel nehmen Sie den Magneten und befestigen Sie ihn an einem Ende des Fadens. Das andere Ende wird am Rundholz befestigt. Fertig ist das Angelspiel!

Statt Fische zu basteln, können es auch Gegenstände sein, die im Meer oder am Strand zu finden sind: Ein alter Schuh, ein Autoreifen, ein Fischernetz, eine Flasche, eine Muschel usw.

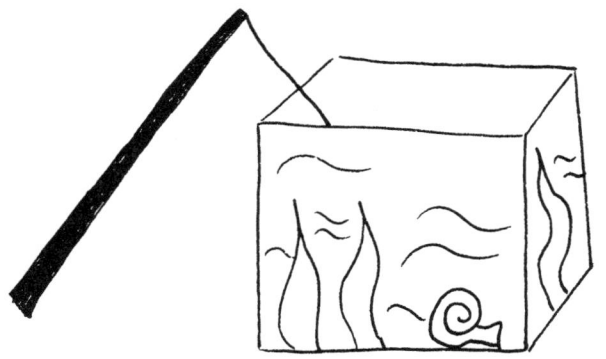

Handarbeiten

Spielintention: Förderung der Hand- und Fingergeschicklichkeit, sprachliche Anregung durch das Produzieren eines Gegenstandes (gesticktes Bild, gefilzte Bälle).

Handarbeiten schulen ebenfalls die Hand- und Fingergeschicklichkeit. Genannt seien zum Beispiel das Nähen, Häkeln, Weben, Filzen, Sticken oder Stricken. In Handarbeitsbüchern, die speziell für Kinder geschrieben sind, finden Sie entsprechende Anleitungen und Motive, die für Kinder interessant sind (siehe auch Arbeitsblatt »Schneckenbild«, S. 141).

Collagen

Spielintention: Förderung der feinmotorischen Fähigkeiten (schneiden, kleben), sprachliche Anregung durch die Entstehung der Collage.

Ausschneiden, zusammenfügen, kleben – all das erfordert etwas Geschicklichkeit. Aus Zeitschriften oder Werbeprospekten soll das Kind das ausschneiden, was es für sein Bild benötigt. Anschließend wird das Ausgeschnittene zu einer Collage zusammengesetzt. Die Collage kann auch unter einem bestimmten Thema stehen.

Beispiel: Gegensatz helle und dunkle Farben, Gemüse mit Armen und Beinen, Gesichter etc.

Klatschspiele

Spielintention: Bewegung als Unterstützung des sprachlichen Handelns.

In die Hände klatschen und dann mit den eigenen Handflächen gegen die des Mitspielers klatschen. Begleitend dazu kann man einen einfachen Kinderreim sprechen und mitklatschen, zum Beispiel:

> Weißt du was?
> Wenn's regnet, wird's nass,
> wenn's schneit, wird's weiß.
> Du bist ein alter Naseweis.
> (Überliefert)

Ich hab gefischt, ich hab gefischt ...

Spielintention: Förderung der Handgeschicklichkeit und des Reaktionsvermögens, sprachliche Anregung durch den immer wiederkehrenden Spruch (»Ich hab gefischt ...«).

Alle Spieler legen ihre Hände auf den Tisch. Ein Spieler hält eine Hand kreisend über die der anderen und spricht: »Ich hab gefischt, ich hab gefischt, ich hab die ganze Nacht gefischt und keinen Fisch erwischt! Bei dem Wort »erwischt« müssen alle anderen Mitspieler ihre Hände wegziehen, während der »Fischer« versucht, eine Hand abzuklatschen. Denjenigen Fischer, den er erwischt hat, ist der nächste Fischer.

Überlieferte Fingerspiele

Spielintention: Bewegung als Unterstützung des sprachlichen Handelns (Kinderreim).

Das ist der Daumen

Das ist der Daumen,
   Mit dem Daumen auf den Tisch klopfen.
der schüttelt die Pflaumen.
   Mit dem Zeigefinger auf den Tisch klopfen.
Der sammelt sie auf.
   Mit dem Mittelfinger auf den Tisch klopfen.
Der trägt sie nach Haus.
   Mit dem Ringfinger auf den Tisch klopfen.
Und der Kleine isst sie auf.
   Mit dem kleinen Finger auf den Tisch klopfen.

Spannenlanger Hansel

Spannenlanger Hansel,
   Den Zeigefinger zeigen und bewegen.
nudeldicke Dirn.
   Den dicken Daumen zeigen und bewegen.
Gehen wir in den Garten,
   Mit den Fingern über die Tischplatte laufen.
schütteln wir die Birn.
   Finger schütteln.
Schüttel ich die großen,
   Mit den Fingern eine große Birne zeigen.
schüttelst du die kleinen.
   Mit den Fingern eine kleine Birne zeigen.
Wenn das Säckel voll ist,
   Mit beiden Händen einen Sack in die Luft zeichnen.
gehen wir wieder heim.
   Mit den Fingern über die Tischplatte laufen.

Zehn kleine Zappelfinger

Zehn kleine Zappelfinger
   Alle zehn Finger hochhalten.
zappeln hin und her.
   Die Finger zappeln lassen.
Zehn kleinen Zappelfingern
fällt das gar nicht schwer.

Zehn kleine Zappelfinger
   *Mit der Hand und den zappelnden Fingern
   hoch und runter gehen.*
zappeln auf und nieder.
Zehn kleine Zappelfinger
tun das immer wieder.

Zehn kleine Zappelfinger
   *Mit den zappelnden Fingern einen Kreis
   in die Luft malen.*
zappeln ringsherum.
Zehn kleinen Zappelfingern
scheint das gar nicht dumm.

Zehn kleine Zappelfinger
   *Die zappelnden Finger hinter dem Rücken
   verstecken.*
spielten mal Versteck.
Zehn kleine Zappelfinger
sind auf einmal weg!

Zehn kleine Zappelfinger
   Die Arme nach vorne strecken.
kommen zu dir rüber.
Zehn kleine Zappelfinger
tun es immer wieder.

Mundgeschicklichkeitsspiele

Die Beweglichkeit aller am Sprechen beteiligten Organe ist die Voraussetzung für eine deutliche Artikulation. Von Bedeutung ist eine aufrechte, aber insgesamt entspannte Haltung, Lockerheit im Kieferbereich sowie die Beweglichkeit der Lippen und der Zunge. Die hier aufgeführten Spiele sollen zur Geschicklichkeit rund um den Mund ein Stück beitragen. Die Spiele reichen von Übungen zur Lippen- und Zungenbeweglichkeit, über Zungenbrechen, Verse und Lieder. In der Hand des Sprachtherapeuten sollten mundmotorische Übungen immer die Grundlage für die Dyslalie-Therapie (Fehlbildung von Lauten) bilden (siehe auch Arbeitsblatt »Geräusche«, S. 157).

Slalom mit Muggelsteinen

Spielintention: Kräftigung der Zungenmuskulatur.

Alle fünf Zentimeter werden Muggelsteine auf den Tisch gelegt. Nur mit Hilfe der Zunge soll nun ein Gegenstand oder eine Süßigkeit (kleiner Negerkuss) um die Muggelsteine herumgeschoben werden.

Gewichtheber

Spielintention: Kräftigung der Zungenmuskulatur.

Die Zunge ist ein Muskel, der trainiert werden soll. Dazu legen wir ein kleines Bonbon (oder Ähnliches) auf die Zungenspitze und versuchen, es so lange wie möglich zu halten.

Katzenschlecken

Spielintention: Kräftigung und Beweglichkeit der Zungenmuskulatur.

Die Kinder versuchen, wie eine Katze einen mit Milch gefüllten Teller auszuschlecken.

Lakritzschneckenessen

Spielintention: Kräftigung und Beweglichkeit der Lippen- und Zungenmuskulatur.

Eine Lakritzschnecke wird ganz ausgerollt, sodass ein langes Lakritzband entsteht. Ein Ende wird mit der Zunge im Mund festgehalten. Mit den Lippen wird nun versucht, den Rest in den Mund zu bringen.

Schnalzen

Spielintention: Kräftigung der Zungenmuskulatur.

Schnalzen Sie mit der Zunge zu einem bekannten Kinderlied. Wer es schwieriger mag, kann zu dem Kinderlied nicht nur schnalzen, sondern auch klatschen und mit den Füßen stampfen.

Buchstabennudel-Rätsel

Spielintention: Sensibilisierung der Zungenmuskulatur.

Dieses Spiel ist eher für Kinder gedacht, die schon einige Buchstaben des Alphabetes kennen. Anfangs werden nur zwei oder drei Buchstabennudeln genommen. Das Kind schaut sich diese Nudeln vorher an und versucht dann eine ihm auf die Zunge gelegte Nudel zu erraten.

Wattewettpusten

Spielintention: Förderung der Lippenbeweglichkeit.

Wattewettpusten erfordert eine gezielte Lenkung des Luftstroms sowie die richtige Lippenstellung (Lippen spitzen). Beim Wattewettspiel soll versucht werden, den Wattebausch so schnell wie möglich ins Ziel zu pusten.

Variation: Auf den Tisch wird eine Linie aufgezeichnet, auf der die Watte entlanggepustet wird.

Negerkussessen

Spielintention: Förderung der Lippenbeweglichkeit.

Negerkussessen ist ein altes Kinderspiel. Mit auf dem Rücken verschränkten Armen wird versucht, einen Negerkuss zu essen. Aber möglichst, ohne sich groß zu beschmieren. Dieses Spiel sollte nicht unbedingt als Wettspiel gespielt werden.

Wetttransport mit dem Mund

Spielintention: Kräftigung der Lippenmuskulatur.

Jedes Kind bekommt fünf Eistüten, die mit der Öffnung nach unten gestellt werden. Nun soll nur mit Hilfe des Mundes (der Lippen) versucht werden, die Eistüten nacheinander von einem Ort zum anderen zu transportieren.

Strohhalm und Erbsen

Spielintention: Förderung der Lippenbeweglichkeit.

Auf dem Tisch liegen Erbsen. Man pustet durch einen Strohhalm und versucht, die Erbsen zu bewegen. Die Erbsen können auch mit dem Strohhalm angesaugt und in einen Becher gefüllt werden.

Seifenblasen

Spielintention: Förderung der Lippenbeweglichkeit, gezielte Lenkung des Luftstroms.

Durch gezieltes Formen der Lippen und der Lenkung des Luftstroms (Ausatmung) entstehen Seifenblasen. Ein Set zur Produktion von Seifenblasen bekommt man in jedem Spielwarenladen

Lippenflattern

Spielintention: Lippenflattern lockert die Lippen.

Die Lippen locker aufeinander legen, einatmen und bei der Ausatmung die Lippen flattern lassen.

Die Korkensprache

Spielintention: Förderung der Lippenbeweglichkeit.

Menschen, die in ihrem Beruf deutlich sprechen müssen (Ansager, Schauspieler etc.) üben dies, indem sie einen Korken in den Mund stecken und versuchen, trotz Korken deutlich zu sprechen. Lassen Sie das Kind doch auch einmal versuchen, mit einem Korken im Mund zu sprechen.

Waschtag

Spielintention: Förderung der Lippenbeweglichkeit.

Im Zimmer wird eine Leine gespannt. An die Leine werden mit Fäden verschiedene Süßigkeiten gehängt. Mit auf dem Rücken gebundenen Händen soll nun versucht werden, die Süßigkeiten von der Leine zu holen.

Zungenbrecher auf Lautebene

Spielintention: Förderung der Artikulation. Wer macht die meisten Fehler?

Schnipp-schnapp
schlipp-schlapp
schwipp-schwapp-schwo.

Knipp-knapp
klipp-klapp
kwipp-kwapp-kwo.

Plabim-plabam
plabem-plabum
plibim-plibam-plibum.

Blorum-blarum
blirum-blurum
blorum-blirum-blarum

Geheimsprache

Spielintention: Förderung einer deutlichen Aussprache.

Versuche, lautlos ein Wort zu sprechen. Der andere Mitspieler soll versuchen, das lautlos gesprochene Wort zu erraten. Das funktioniert oft nur, wenn überdeutlich artikuliert wird.

Geheimsprache

Spielintention: Förderung der Artikulation

Bei dieser Sprache werden Konsonanten in die Sprache eingebaut. Es folgt ein Beispiel mit dem Konsonant »l«.

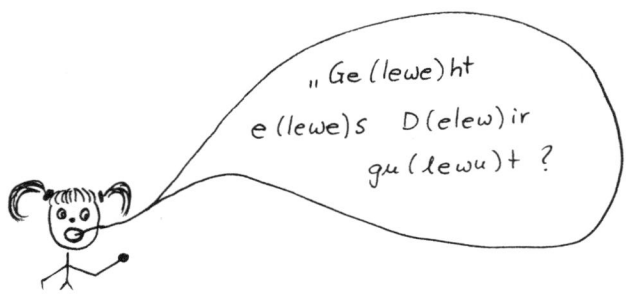

Zauberverse

Spielintention: Förderung der Artikulation, sprachliche Anregung.

Zauberverse können mit einem Spiel verbunden werden. Legen Sie kleine Gegenstände auf den Tisch und decken Sie diese mit einem Tuch ab. Nun spricht der Zauberer einen der folgenden Zaubersprüche und nimmt einen Gegenstand unter dem Tuch weg. Das Tuch wird hochgenommen und der andere Mitspieler soll nun erraten, welcher Gegenstand verschwunden ist.

»Simsalabim – salada – saladu – saladim!«

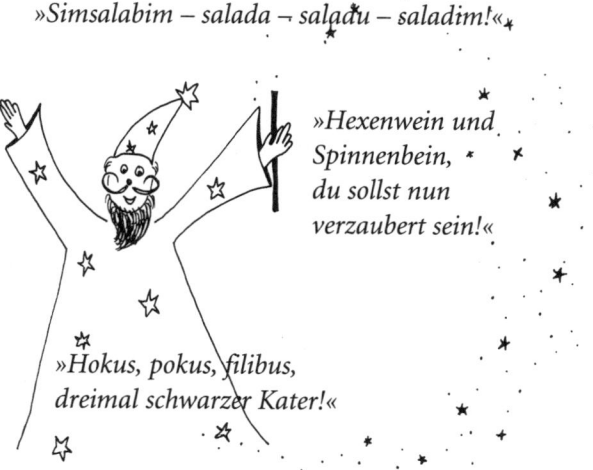

»Hexenwein und Spinnenbein, du sollst nun verzaubert sein!«

»Hokus, pokus, filibus, dreimal schwarzer Kater!«

Kinderverse

Spielintention: Durch das Vorlesen von Kinderreimen sprachliche Aktivitäten anregen.

Kinderverse zeichnen sich durch Einfachheit, Reim, Wiederholungen und große Einprägsamkeit aus. Dabei kann Einfachheit auch kunstvoll sein, wie es viele Kinderreime bekannter Autoren beweisen. Die Kinder werden zum Nachsprechen motiviert, da sie sich die Reime gut merken können und weil viele Reime die kindliche Erfahrungswelt aufgreifen (siehe auch Arbeitsblatt »Kannst du das?«, S. 155, Arbeitsblatt »Die dicke Hummel«, S. 159, Arbeitsblatt »Rudi Rüssel«, S. 161, Arbeitsblatt »Der Wind«, S. 163, und Arbeitsblatt »Wasserdrachen«, S. 165).

Zungenbrecher

Spielintention: Förderung der genauen Artikulation.

Zungenbrecher fördern, wie es der Name schon sagt, die Beweglichkeit der Zunge und natürlich auch die der Lippen heraus. Und zwar aus dem einfachen Grund, da das Sprechen eines Zungenbrechers aus Wörtern besteht, die sich alle sehr ähnlich sind.

Sieben Salamander suchen sieben Salamanderhöhlen.

Zehn Ziegen ziehen zehn Zentner Zucker.

Kommst du kleine Kirschen klauen?
Kleine Kirschen kannst du kauen!

Brautkleid bleibt Brautkleid und Blaukraut bleibt Blaukraut.

Fischers Fritze fischt frische Fische.
Frische Fische fischt Fischers Fritze.

Der Mops kotzt.
Kotzt der Mops?
Mops kotzt!

Literaturverzeichnis

Ackermann, L./Müller, B./Urfer, R.: Sinn-Salabim. Tasten–Hören–Sehen. Spiele und Theaterprojekte für Kinder. Verlag an der Ruhr, Mülheim 1993.

Adams, I./Struck, V./Tillmanns-Karus, M.: Kunterbunt-rund um den Mund. Materialsammlung für die mundmotorische Übungsbehandlung. Verlag modernes lernen, Dortmund 1996.

Affolter, F.: Wahrnehmung, Wirklichkeit und Sprache. Neckar-Verlag, Villingen-Schwenningen 1987.

Ayres, J.: Bausteine der kindlichen Entwicklung. Springer, Heidelberg 1994.

Bahr, R./Nondorf, H.: Bewegungshandlung und Sprachvollzug. Gedanken zur psychomotorischen Förderung sprachentwicklungsgestörter Kinder. In: Die Sprachheilarbeit 30/1985.

Beck, J./Wellershoff, H.: Sinneswandel. Die Sinne und die Dinge im Unterricht. Scriptor, Frankfurt a.M. 1989.

Becker, K.P./Sovak, M.: Lehrbuch der Logopädie. Volk und Gesundheit, Berlin 1983.

Beins, H.J./Beudels, W./Lensing-Conrady, R.: ... das ist für mich ein Kinderspiel. Handbuch zur psychomotorischen Praxis. Borgmann, Dortmund 1994.

Biebrichter, H./Brauer, S.: 10 kleine Zappelfinger. Pattloch, Augsburg 1992.

Breit, M./Schuster, E.: Toben, Turnen, Tollen. Lustige Bewegungsspiele, Lieder und Gedichte für die gesunde Entwicklung von Kleinkindern. Südwest, München 1996.

Broich, J.: Sprachspiele. Maternus, Köln 1993.

Bundesgemeinschaft zur Förderung haltungs- und bewegungsauffälliger Kinder und Jugendlicher e.V. (Hrsg.): Sportförderunterricht. Ein Lehr- und Übungsbuch. Dümmler, Bonn 1992.

Cratzius, B.: Noch mehr Fingerspiele und andere Kinkerlitzchen. ro-ro-ro, Reinbek 1989.

Defersdorf, R.: Drück mich mal ganz fest. Herder, Freiburg 1991.

Eckert, R.: Auswirkungen psychomotorischer Förderung bei sprachentwicklungsgestörten Kindern. Lang, Frankfurt a.M./Berlin/New York 1985.

Erler, L./Lachmann, R./Selg, H. (Hrsg.): Spiel. Spiel und Spielmittel im Blickpunkt verschiedener Wissenschaften und Fächer. Nostheide, Bamberg 1986.

Fink, M./Schneider, R./Wolters, D.: Bewegen und Entspannen nach Musik. Verlag an der Ruhr, Mülheim.

Fischer, E.: Wahrnehmungsförderung. Handeln und sinnliche Erkenntnis bei Kindern und Jugendlichen. Borgmann, Dortmund 1998.

Fisgus, C./Kraft, G.: »Hilf mir, es selbst zu tun!« Montessori-Pädagogik in der Regelschule. Auer, Donauwörth 1997.

Flitner, A.: Spielen – Lernen. Praxis und Deutung des Kinderspiels. Piper, München 1992.

Franke, U.: Logopädisches Handlexikon. Reinhardt, Basel 1994.

Gollwitz, G.: Mit Krimskrams prima sprechen lernen. Gollwitz, Regensburg 1989.

Götte, R.: Sprache und Spiel im Kindergarten. Praxis der ganzheitlichen Sprachförderung im Kindergarten. Cornelsen Scriptor, Berlin, Düsseldorf, Mannheim, 2002.

Grunwald, A.: Sprachtherapie. Bergedorfer Förderprogramme 2. Persen, Horneburg 1989.

Holsonback-Windmolders, A./Timmers, L.: Affentrab und Hasensprung. Gerstenberg, Hildesheim 1997.

Kiphard, E.J.: Motopädagogik, Band 1. Verlag modernes lernen, Dortmund 1980.

Kirsch, A./Pauli, S.: Geschickte Kinder. Ein Fotokarten-Übungsprogramm zum Körperschema. Verlag modernes lernen, Dortmund 1997.

Köchenberger, H.: Bewegungsspiele mit Alltagsmaterial. Borgmann, Dortmund 1999.

Landa & Co: Mit allen Sinnen Basteln/Spielen/Die Sinne entdecken. Christopherus, Freiburg 1995.

Lischka, A.: Die Zippel-Zappelmaus packt neue Lieder aus. Kösel, München 1999.

Löwe, A.: Sprachfördernde Spiele für hörgeschädigte und für sprachentwicklungsgestörte Kinder. Marhold, Berlin 1980.

Mac Kinnon, D./Sieveking, A.: Ich kenn die Formen ganz genau. Carlsen, Hamburg 1992.

Maier, W. (Hrsg.): Neue Wege der Sprachförderung. Don Bosco, München 1993.

Mertens, K./Meusel, W.: Allerlei Bewegung. Verlag modernes lernen, Dortmund 1992.

Ministerium für Stadtentwicklung, Kultur und Sport des Landes Nordrhein-Westfalen (Hrsg.): Bewegung, Spiel und Sport mit behinderten Kindern und Jugendlichen. Sport in NRW. Düsseldorf 1996.

Monschein, M.: Spiele zur Sprachförderung. Don Bosco, München 1997.

Motsch, H.J.: Sprach- oder Kommunikationstherapie. In: Grohnfeldt, M. (Hrsg.): Grundlagen der Sprachtherapie. Marhold, Berlin 1996.

Müller, H.: Sprach-Spiel-Spaß. Persen, Horneburg 1988.

Peukert, K.W.: Sprachspiele für Kinder. Programm zur Sprachförderung in Vorschule, Kindergarten, Grundschule und Elternhaus. Rowohlt, Reinbek 1981.

Peuser, G.: Linguistische Grundlagen der Sprachtherapie. In: Grohnfeldt, M. (Hrsg.): Grundlagen der Sprachtherapie. Marhold, Berlin 1996.

Piaget, J.: Das Erwachen der Intelligenz beim Kinde. Klett, Stuttgart 1969a.

Piaget, J.: Nachahmung, Spiel und Traum. Klett, Stuttgart 1969b.

Pighin, G./Sillaber, M.: Kinder lernen sprechen – Eine spielerische Sprachförderung. Pattloch, Augsburg 1992.

Rieder, K.: Sprachfördernde Übungen und Spiele. Jugend und Volk: Wien 1992.

Röttgen, G.: Spielerlebnisse zum handelnden Spracherwerb. Tier/Theater/Texte. Borgmann, Dortmund 1993.

Ruge, H.: Der Aphasiker und seine fachpädagogische Rehabilitation. Klett, Stuttgart 1977.

Searles-Barnes, B.: Laut & Leise. Brunnen, Gießen 1994.

Sewitz, R. (Hrsg.): TAST-Spiele. Sinnvolle Frühpädagogik. Don-Bosco, München 1994.

Steiner, F./Steiner, R.: Die Sinne. Spielen/Gestalten/ Freude entfalten. Förderung der Wahrnehmungsfähigkeit bei Kindern. Veritas, Linz 1993.

Thiesen, P.: Mit allen Sinnen spielen. Beltz, Weinheim und Basel [2]1997.

Thiesen, P.: Arbeitsbuch Spiel: Für die Praxis in Kindergarten, Hort, Heim und Grundschule. Bardtenschlager/Stam, München/Köln [10]1999.

Thiesen, P.: Schnupfnasen und Dauerlutscher. 240 originelle Spiele für jeden Tag im Kindergartenjahr. Beltz, Weinheim und Basel 1999.

Thiesen, P.: Wahrnehmen, Beobachten, Experimentieren. Beltz, Weinheim 2001.

Veit, B./Wolfrum, C. (Hrsg.): Unsere fünf Sinne. Ravensburger, Ravensburg 1991.

Wiedenmann, M. (Hrsg.): Sprachförderung mit allen Sinnen. Basiswissen, Integrative Ansätze, Praxishilfen, Spiel- und Übungsblätter für den Unterricht. Beltz, Weinheim und Basel [2]2000.

Wirth, G.: Sprachstörungen, Sprechstörungen, Kindliche Hörstörungen. Deutscher-Ärzte-Verlag, Köln 1990.

Zimmer, R.: Sport und Spiel im Kindergarten. Meyer und Meyer, Aachen 1992.

Zimmer, R. (Hrsg.): Bewegte Kindheit. Karl Hofmann, Schorndorf 1997.

Anhang: Arbeitsblätter

Arbeitsblatt: »Das Einkaufsspiel«

Spielintention: Erweiterung des Wortschatzes im Bereich »Lebensmittel«.

Spielregel: Die Kinder sollen mit Würfel und Spielfiguren über die Felder gehen und dabei die Lebensmittel, die sie in den Regalen sehen, benennen und ausmalen.

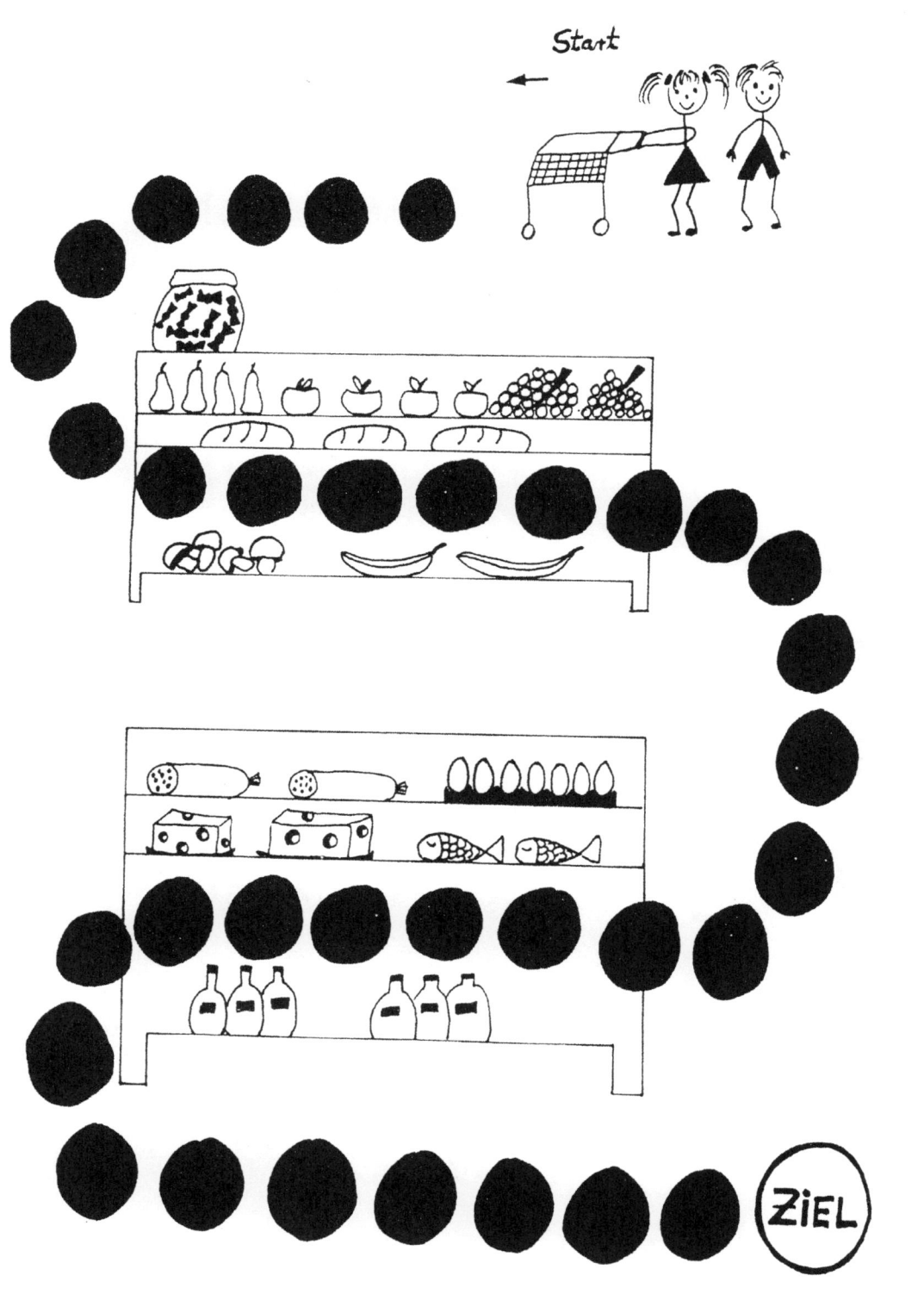

Arbeitsblatt: »Ei zu Ei«

Spielintention: Erweiterung des Wortschatzes im Bereich »Lebensmittel«.

Spielregel: Die Spielkarten werden ausgeschnitten und auf einen Stapel gelegt. Eine Karte wird in die Mitte gelegt. Abwechselnd dürfen die Spieler eine Karte ziehen, die Lebensmittel benennen und entscheiden, ob sie die Karte anlegen dürfen (Ei an Ei, Käse an Käse usw.).

Arbeitsblatt: »Körpermemory«

Spielintention: Erweiterung des Wortschatzes zum Thema »Körper«.

Spiel: Kopieren Sie die Seite zweimal, schneiden die Kärtchen aus und legen sie verdeckt auf den Tisch. Wird ein Pärchen gezogen, so darf der Spieler dieses behalten. Das Kind sollte benennen, was es auf den Kärtchen sieht.

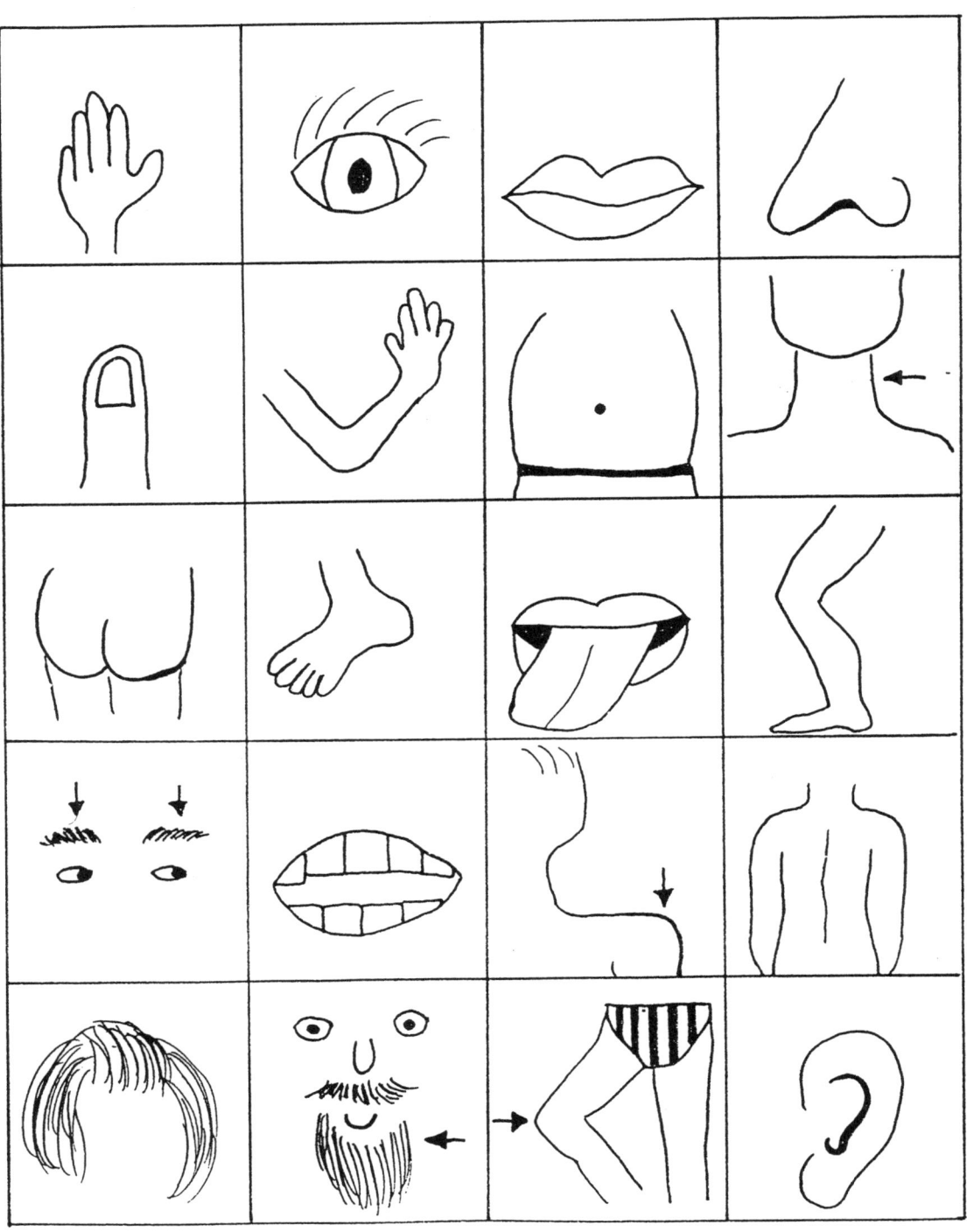

Arbeitsblatt: »Käfer, Baum und Sonne«

Spielintention: Erweiterung des Wortschatzes zum Thema »Natur«.

Spiel: Die Karten werden ausgeschnitten und verdeckt auf einen Stapel gelegt. Eine Karte bleibt offen liegen. Abwechselnd wird nun gezogen und an die erste Karte angelegt. Das Kind sollte die Abbildungen benennen und erzählen, was ihm zu dem Bild einfällt (Domino-Spiel).

Arbeitsblatt: »Wo leben die Tiere?«

Spielintention: Die Kinder sollen erkennen, dass Tiere verschiedene Lebensräume haben.

Spiel: Mit einem Stift verbinden sie das Tier mit seinem Lebensraum. Ein Erwachsener sollte dabei sein, um mögliche Fragen zu beantworten oder Zusammenhänge zu erklären.

Arbeitsblatt: »Dick und dünn«

Spielintention: Die Absicht dieses Spiels ist es, Gegensätze deutlich zu machen.

Spiel: Mit Hilfe von Würfel und Spielfiguren gehen die Kinder die Spielfelder entlang. Wer als Erster ins Ziel gelangt, hat gewonnen. Kommen die Spieler an den Abbildungen vorbei, so sollen sie die Gegensätze benennen.

Arbeitsblatt: »Tisch und Stuhl«

Spielintention: Die Kinder sollen verschiedene Möbel und ihren Nutzen kennen lernen.

Spiel: Der Spielplan wird auf den Tisch gelegt. Nun wird abwechselnd gewürfelt, das Möbelstück benannt und erzählt, wofür es gebraucht wird. Anschließend kann der Spieler einen Stein (Erbse oder Ähnliches) auf die Abbildung legen, damit die Anzahl seiner erwürfelten Felder deutlich wird.

Arbeitsblatt: »Hallo, ich bin Max«

Spielintention: Der kleine Reim von Max soll Kindern die Präpositionen näher bringen.

Spiel: Lesen Sie dem Kind den Reim vor. Kennt es den Reim bereits, lesen Sie vor und lassen Sie das Kind die Präpositionen einsetzen.

Beispiel: »Du fragst mich, was ich gerne tue? Ich schlüpfe erst mal …«

Hallo, ich bin  Max!

Du fragst, was ich gerne tue?

Ich schlüpfe erst mal <u>in</u> meine Schuhe;

dann renne ich <u>auf</u> einen Hügel,

sattle mein Pferd  und halte die Zügel,

Im Galopp reite ich <u>über</u> die Koppel;

plötzlich bockt mein Pferd mit wildem Gehoppel.

Im hohen Bogen lande ich <u>im</u> Gras,

<u>vor</u> mir steht und lacht mein Pferd Lars.

Zum Reiten habe ich nun keine Lust mehr,

ich gehe nach Haus, 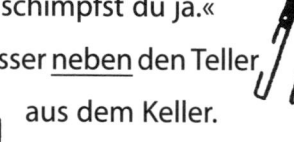 Lars trabt <u>hinter</u> mir her.

Mama fragt mich: »Max, magst du Fisch?«

»Klar«, sag ich und stelle meine Schuhe <u>unter</u> den Tisch.

»Wasch auch deine Hände«, sagt Mama,

»Klar«, sag ich, »sonst schimpfst du ja.«

Ich lege Gabel und Messer <u>neben</u> den Teller,

und hole Sprudel  aus dem Keller.

Dies war mein Tag, ich sag »Adieu«,

bis ich euch einmal wieder seh!

Arbeitsblatt: »Luisa, der kleine Schmetterling«

Spielintention: Durch die Geschichte sollen die Kinder Präpositionen kennen lernen.

Spiel: Lesen Sie dem Kind die Geschichte vor. Anhand der Bilder zu der Geschichte können die Kinder auch selber erzählen, wo sich Luisa gerade befindet (auf einer Blume, unter einem Blatt usw.).

Luisa, der kleine Schmetterling

Früh am Morgen fliegt Luisa los. Sie landet <u>auf</u> einer
großen, bunten Blume. Mmmh, wie lecker der  Nektar
schmeckt. Nachdem sie satt ist, fliegt sie weiter.

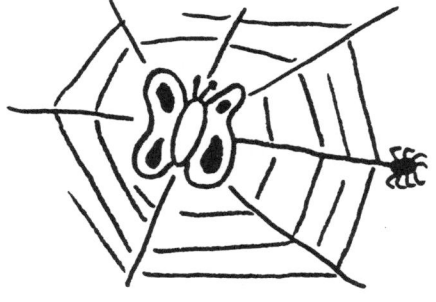

Plötzlich wird ihr Flug gestoppt: sie hat sich <u>in</u> einem
Spinnennetz verfangen. Kräftig flattert sie
mit ihren Flügeln und befreit sich.

Es fängt an zu regnen. Dicke Tropfen fallen <u>auf</u> die Erde. Luisa verkriecht sich <u>unter</u>
einem Blatt,  damit ihre Flügel nicht naß werden.
Als die Sonne wieder herauskommt fliegt sie weiter.

Sie fliegt <u>über</u> gelbe Felder und <u>über</u> blaue Seen.

Auf einmal ist ein Schatten hinter ihr. Sie dreht sich um und sieht ihre Schmetterlings-
freundin Mina. Nun fliegt Luisa <u>neben</u> Mina her und sie genießen die Sonnenstrahlen,
die <u>zwischen</u> den Wolken hervorkommen.

Arbeitsblatt: »Natur-Memory«

Spielintention: Es sollen Zusammenhänge zwischen den Tieren und den Gegenständen deutlich gemacht werden.

Spiel: Beim Memory-Spiel werden immer zwei Karten aufgedeckt. Bei diesem Memory hat der Spieler ein Pärchen, wenn er das Tier und den richtigen Gegenstand aufgedeckt hat.

Beispiel: Huhn und Ei, Schmetterling und Blume, Eichhörnchen und Nuss usw.

Arbeitsblatt: »Eva und Tom« (a)

Spielintention: Das Spiel soll den Kindern helfen, kurze Sätze zu bilden. Dabei kann das Prinzip der Verbeugung deutlich gemacht werden: »Tom und Eva trinken«, aber: »Eva trinkt«.

Spiel: Schneiden Sie die Symbole aus. Zeigen Sie dem Kind die Figuren Eva und Tom und fangen Sie mit einer kleinen Geschichte an: Es ist früh am Morgen. Eva und Tom schlafen (das Symbol »schlafen« neben Eva und Tom legen). Was tun die beiden, nachdem sie aufgestanden sind? (Das entsprechende Symbol heraussuchen.) usw.

Arbeitsblatt: »Eva und Tom« (b)

Spielintention: Ziel ist es auch hier, den Aufbau von kurzen Sätzen anzubahnen. Dieses Blatt dient als Ergänzung zum vorherigen Arbeitsblatt.

Spiel: Ergänzen Sie die Bilder des vorherigen Arbeitsblattes. Geben Sie dem Kind sprachliche Anregungen: Wo schlafen Eva und Tom? Das Kind soll nun aus den vorhandenen Symbolen das Bett herausgreifen.

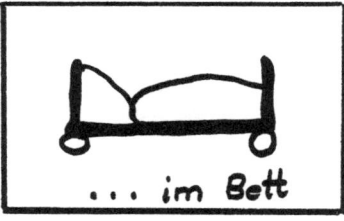

Arbeitsblatt: »Wem gehört was?«

Spielintention: Das Spiel soll helfen, den richtigen Artikel bestimmen zu können. Ein weiteres Ziel ist die Bildung und der Aufbau einfacher Satzstrukturen.

Spiel: Schneiden Sie die Symbole aus und malen Sie Würfelaugen auf die Rückseite. Abwechselnd wird nun gewürfelt und benannt, wem was gehört.

Variante: Das Bild wird verdeckt. Weißt du noch aus dem Kopf, wem was gehört?

Arbeitsblatt: »Wem gehört was?«

Arbeitsblatt: »Eva, Tom und der freche Hund«

Spielintention: Ziel ist es, dass das Kind anhand der Bilder eine zeitliche Abfolge erkennt und diese auch beschreiben kann.

Spiel: Die Bilder ausschneiden und verstreut auf den Tisch legen. Das Kind soll versuchen, die Bilder in die richtige Reihenfolge zu legen und die Geschichte zu erzählen.

Arbeitsblatt: »Eva, Tom und der freche Hund«

Arbeitsblatt: »Gesichtsausdrücke und Stimmungen«

Spielintention: Über die Nachahmung von Gesichtsausdrücken sollen dem Kind verschiedene Gefühle bewusst werden.

Spiel: Die Karten werden ausgeschnitten. Abwechselnd ziehen die Spieler einer Karte und ahmen den Gesichtsausdruck nach. Anschließend kann besprochen werden, in welchen Situationen man sich wütend, traurig, erstaunt, bedrückt oder müde fühlt.

Arbeitsblatt: »Gesichtsausdrücke und Stimmungen«

Arbeitsblatt: »Pantomime« (a)

Spielintention: Förderung der Ausdrucksfähigkeit (Mimik und Gestik).

Spiel: Die Abbildungen ausschneiden, abwechselnd eine Karte ziehen und die Tätigkeit pantomimisch darstellen. Der andere Mitspieler muss erraten, um welche Tätigkeit es sich handelt.

Arbeitsblatt: »Pantomime« (b)

Spielintention: Förderung der Ausdrucksfähigkeit (Mimik und Gestik).

Spiel: Die Abbildungen ausschneiden, abwechseln eine Karte ziehen und die Tätigkeit pantomimisch darstellen. Der andere Mitspieler muss erraten, um welche Tätigkeit es sich handelt.

Arbeitsblatt: »Rate mal!«

Spielintention: Förderung der Fähigkeit, Gegenstände möglichst genau zu beschreiben. Die Beschreibung lockt zum Beispiel Eigenschaften oder den Nutzen des Gegenstandes hervor.

Spiel: Die Abbildungen werden ausgeschnitten und verdeckt herum auf den Tisch gelegt. Ein Mitspieler versucht, den Gegenstand zu beschreiben, der andere muss ihn erraten.

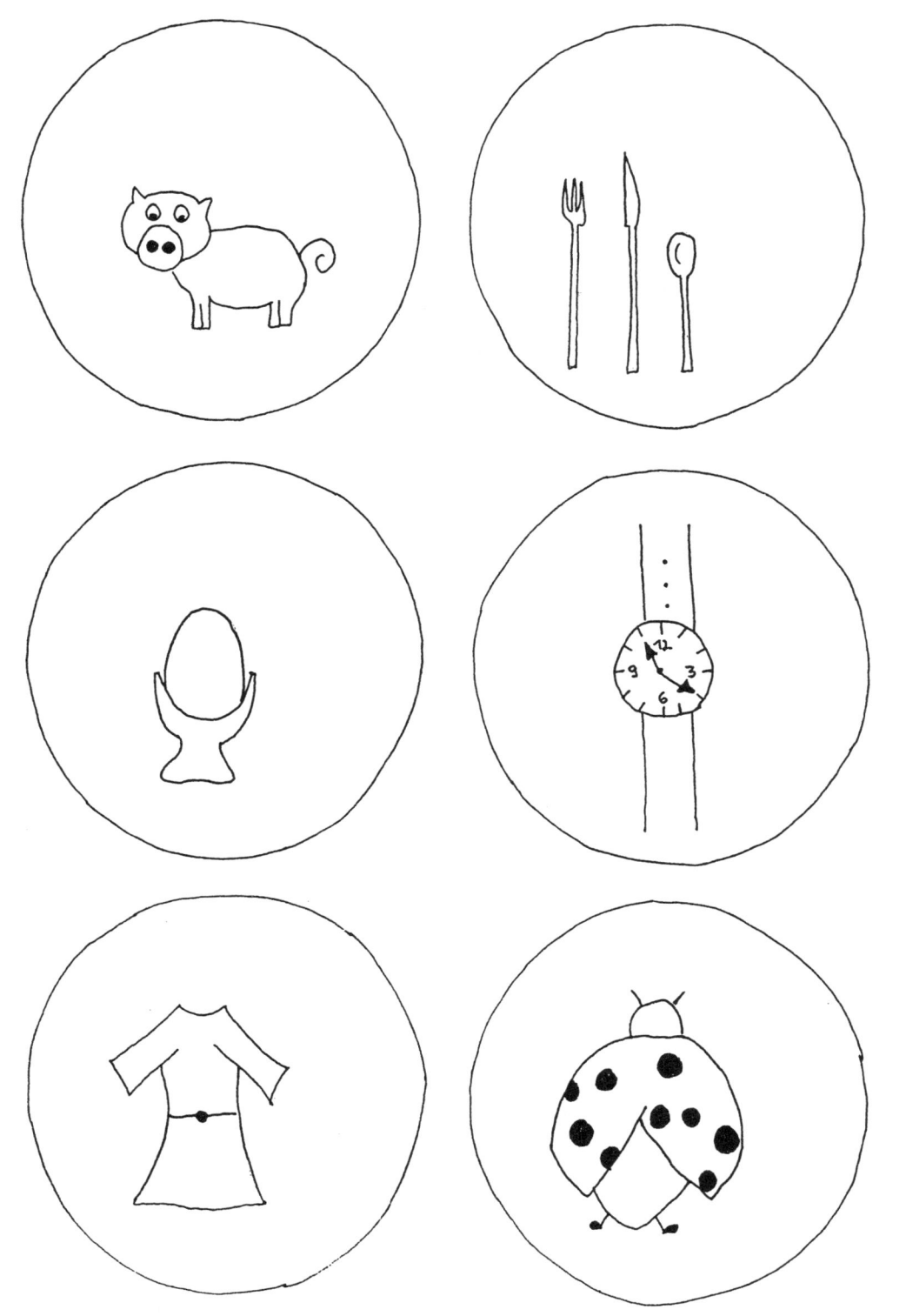

Arbeitsblatt: »Fragen und Antworten«

Spielintention: Die Abbildungen sollen kommunikative Absichten deutlich machen. Diese Absichten zu erkennen, fordern die Bilder heraus.

Spiel: Fragen Sie das Kind, was die Personen wohl sagen könnten. Versuchen Sie, Zusammenhänge herzustellen (Beispiel: Das weinende Männchen bekommt Blumen geschenkt, weil es sich gestritten hat.) Anschließend können Sie die Szenen nachspielen.

Arbeitsblatt: »Eva kauft Eis«

Spielintention: Den Kindern sollen zeitliche Abfolgen deutlich werden und sie sollen diese auch sprachlich ausdrücken können.

Spiel: Fordern Sie das Kind auf, in die leeren Kästchen etwas zu malen, was vorher oder nachher passiert sein könnte. Besprechen Sie dies vorher, da zeitliche Abfolgen schwierig zu erfassen sind. Wo hat das Mädchen ihr Eis gekauft? Wer bekommt das zweite Eis?

Arbeitsblatt: »Eva kauft Eis«

Arbeitsblatt: »Der Hausanstrich«

Spielintention: Den Kindern sollen zeitliche Abfolgen deutlich werden und sie sollen diese auch sprachlich ausdrücken können.

Spiel: Fordern Sie das Kind auf, in die leeren Kästchen etwas zu malen, was vorher oder nachher passiert sein könnte. Besprechen Sie dies vorher, da zeitliche Abfolgen schwierig zu erfassen sind. Warum stand der Mann auf der Leiter? Hat er sich beim Fall verletzt?

Arbeitsblatt: »Der Hausanstrich«

Arbeitsblatt: »Eva und Tom telefonieren« (a)

Spielintention: Das Kind lernt Tätigkeiten (reiten, waschen, lesen usw.) kennen und es lernt, bestimmte Gesprächsregeln einzuhalten (erzählen/zuhören). An erster Stelle sollte aber die sprachliche Anregung durch die Bilder stehen.

Spiel: Ein Spieler schlüpft in die Person der Eva, der andere in Tom. Sie führen ein Telefongespräch. Anhand der Abbildungen wird deutlich, was sie erlebt haben.

Arbeitsblatt: »Eva und Tom telefonieren« (b)

Spielintention: Das Kind lernt Tätigkeiten (einkaufen, schwimmen usw.) kennen und es lernt, bestimmte Gesprächsregeln einzuhalten (erzählen/zuhören). An erster Stelle sollte aber die sprachliche Anregung durch die Bilder stehen.

Spiel: Ein Spieler schlüpft in die Person der Eva, der andere in Tom. Sie führen ein Telefongespräch. Anhand der Abbildungen wird deutlich, was sie erlebt haben.

Arbeitsblatt: »Tiere«

Spielintention: Verschiedene Tiere machen unterschiedliche Laute. Diese Laute und das jeweilige Tier sollen die Kinder kennen lernen.

Spiel: Mit Spielfigur und Würfel versucht jeder Spieler ans Ziel zu gelangen. Kommt er an einer Abbildung vorbei, so soll er ein Geräusch machen, das zu dem Tier passt.

Arbeitsblatt: »Tiere aus fernen Ländern«

Spielintention: Verschiedene Tiere machen unterschiedliche Laute. Diese Laute und das jeweilige Tier sollen die Kinder kennen lernen.

Spiel: Mit Spielfigur und Würfel versucht jeder Spieler ans Ziel zu gelangen. Kommt er an einer Abbildung vorbei, so soll er ein Geräusch machen, das zu dem Tier passt.

Arbeitsblatt: »Das Monsterspiel«

Spielintention: Die Kinder erfahren, welche Geräusche sie mit dem Mund provozieren können, wenn sie sich auf »Fantasie-Geräusche« einlassen.

Spiel: Mit Spielfigur und Würfel versucht jeder Spieler so schnell wie möglich ans Ziel zu gelangen. Kommt er an einer Monsterabbildung vorbei, so soll er sich ein Geräusch ausdenken, das zu dem Monster passen könnte.

Arbeitsblatt: »A wie Auge«

Spielintention: Die Kinder sollen etwas über die Funktion ihrer beiden Augen erfahren.

Spiel: Lesen Sie Ihrem Kind den Text zunächst vollständig vor und lassen Sie beim zweiten Lesen Lücken, damit das Kind ergänzen kann, und diskutieren Sie die im Text stehenden Fragen.

Über der Nase sitzen deine zwei (Augen). Eines rechts und das andere (links). Sie haben auch eine Farbe, nämlich (entsprechende Farbe einsetzen). Schau einmal in die Augen des Kindes (eurer Mutter, des Therapeuten etc.), das neben dir sitzt. Du wirst zwei runde Kreise sehen. Der innere Kreis ist ganz schwarz und heißt (Pupille). Der äußere Kreis ist (blau, grün oder braun) – je nach deiner Augenfarbe. Er wird (Regenbogenhaut) genannt.

Über deinen Augen sind zwei runde Bögen, das sind die (Augenbrauen). Deine Augen haben eine sehr wichtige Aufgabe, durch sie siehst du die Welt:

- Du siehst, wenn die Ampel umspringt, von rot auf grün.
  Was würde passieren, wenn du dies nicht sehen könntest?
- Du siehst, wie viel Wasser in die Badewanne gelaufen ist.
  Was würde passieren, wenn du dies nicht sehen könntest?
- Du siehst, welches Kind mit dir spricht.
  Was würde passieren, wenn du dies nicht sehen könntest?

Doch deine Augen können noch viel mehr. Überlege einmal, was passiert, wenn eine Fliege genau auf dein Auge zufliegt:

Blitzschnell schließt du die Augen mit den Augenlidern. An den Augenlidern sind Haare, sie heißen (Wimpern).

Wenn du wütend bist, dann weinst du und es kommen (Tränen) aus deinen Augen.
Weißt du, wann deine Augen noch tränen?
- Wenn der Wind in dein Gesicht bläst.
- Wenn deine Augen entzündet sind.
- Wenn du eine Zwiebel schälst.

Abends, wenn du im Bett liegst, schließt du die Augen, damit es dunkel um dich herum wird und du besser einschlafen kannst.

Arbeitsblatt: »Kreise und Quadrate«

Spielintention: Förderung der visuellen Wahrnehmung durch das Ordnen der unterschiedlichen Formen und Größen.

Spiel: Schneiden Sie die Formen aus und ermuntern Sie das Kind, die Formen der Größe nach zu ordnen. Dies kann auch in Form eines Wettspieles geschehen – wer legt die Formen richtig hin? Sie können noch weitere Formen aufmalen und verwenden (Beispiele: andere geometrische Formen oder Gegenstände wie Pilze, Steine usw.).

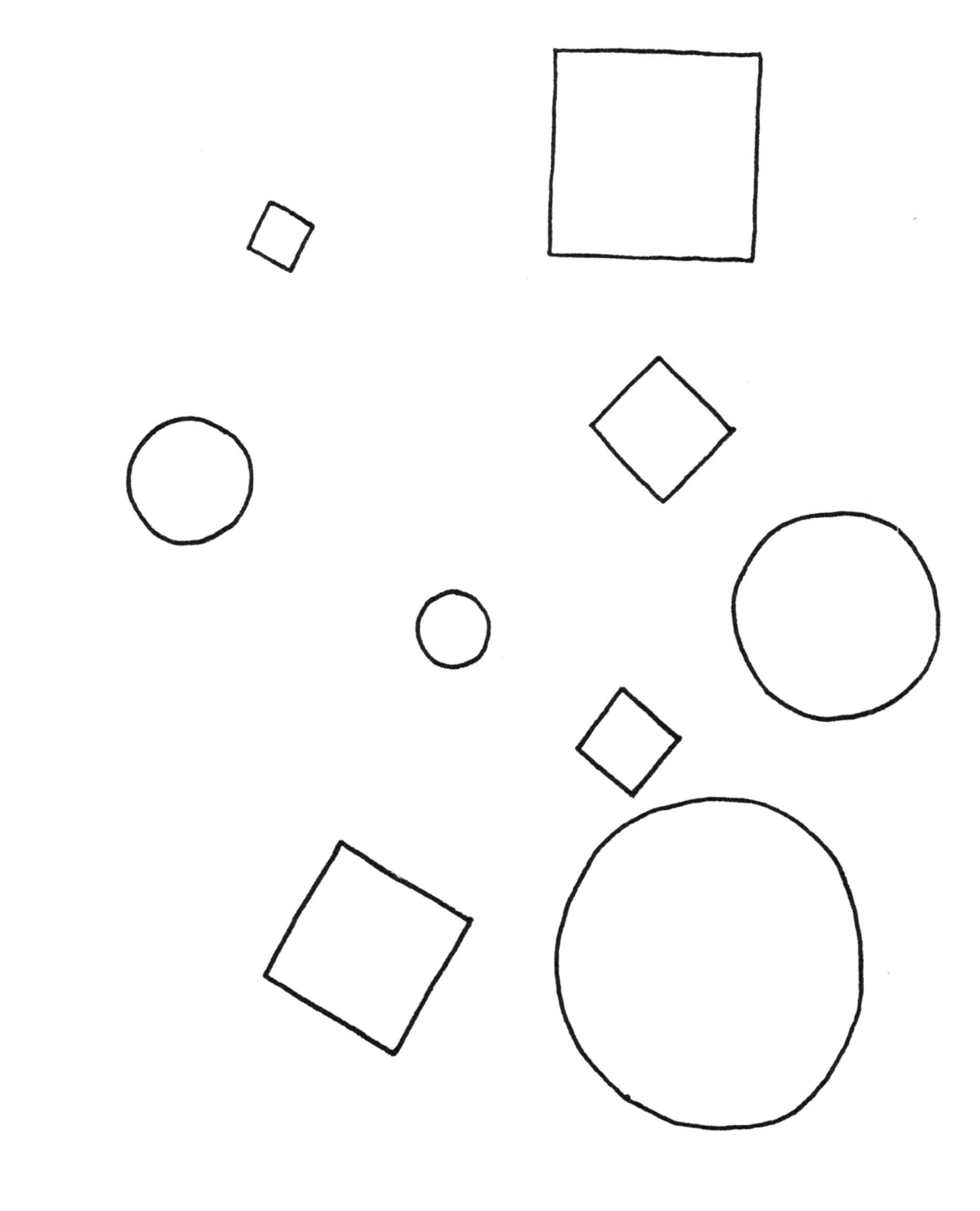

Arbeitsblatt: »Kreise und Quadrate«

Arbeitsblatt: »Das Haus«

Spielintention: Ziel ist es, eckige von runden Formen unterscheiden zu können.

Spiel: Male die runden Formen blau, die viereckigen Formen grün und alle Dreiecke gelb aus.

Arbeitsblatt: »Die Wegsuche«

Spielintention: Ziel ist die Förderung der visuellen Wahrnehmung sowie das Schaffen einer sprachlichen Anregung. »Wohin will die Katze …?«

Spiel: Findest du den Weg? Wie kommt die Katze zu der Maus, der Hund zu seinem Knochen und der Vogel zu seinem Ei? Verfolge die Wege mit einem Stift.

Arbeitsblatt: »Schnecke sucht Schnecke«

Spielintention: Förderung der visuellen Wahrnehmung und der Auge-Hand-Koordination.

Spiel: Findest du den Weg? Nimm einen Stift und versuche einen Weg zu finden, auf dem die Schnecken zueinander gelangen können.

Arbeitsblatt: »Die Schmetterlingswiese«

Spielintention: Förderung der visuellen Wahrnehmung. Nur durch genaues Hinsehen findet man alle Schmetterlinge.

Spiel: Ermuntern Sie das Kind, die Schmetterlinge zu finden und die Wiese schön bunt auszumalen.

Arbeitsblatt: »Die Schmetterlingswiese«

Arbeitsblatt: »Das Aquarium«

Spielintention: Förderung der visuellen Wahrnehmung. Nur durch genaues Hinsehen findet man alle Fische.

Spiel: Ermuntern Sie das Kind, die Fische zu finden und das Aquarium auszumalen.

Arbeitsblatt: »Das Kinderzimmer«

Spielintention: Ziel ist es, die unten abgebildeten Gegenstände durch genaues Hinsehen im Bild wieder zu finden. Das fördert die visuelle Wahrnehmungsfähigkeit.

Spiel: Zeigen Sie auf einen unten abgebildeten Gegenstand und fordern Sie das Kind auf, ihn im Bild wieder zu finden. Anschließend kann das Bild ausgemalt werden. Hinweis: Vielleicht finden Sie in Kinderzeitschriften Bilder, die sich auf den ersten Blick ähnlich sehen, die sich aber auf den zweiten Blick durch Kleinigkeiten unterscheiden.

   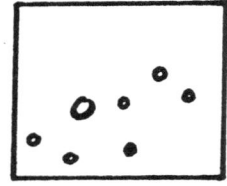

Arbeitsblatt: »Klecksmemory«

Spielintention: Die sich ähnelnden Bilder fordern zu einem genauen Hinsehen auf. Ziel ist es, die visuelle Wahrnehmung zu fördern.

Spiel: Schneiden Sie die Karten aus und legen Sie sie verdeckt auf den Tisch. Abwechselnd dürfen die Spieler nun zwei Karten aufdecken. Sind die Karten identisch, so bekommt der Spieler/die Spielerin das Pärchen.

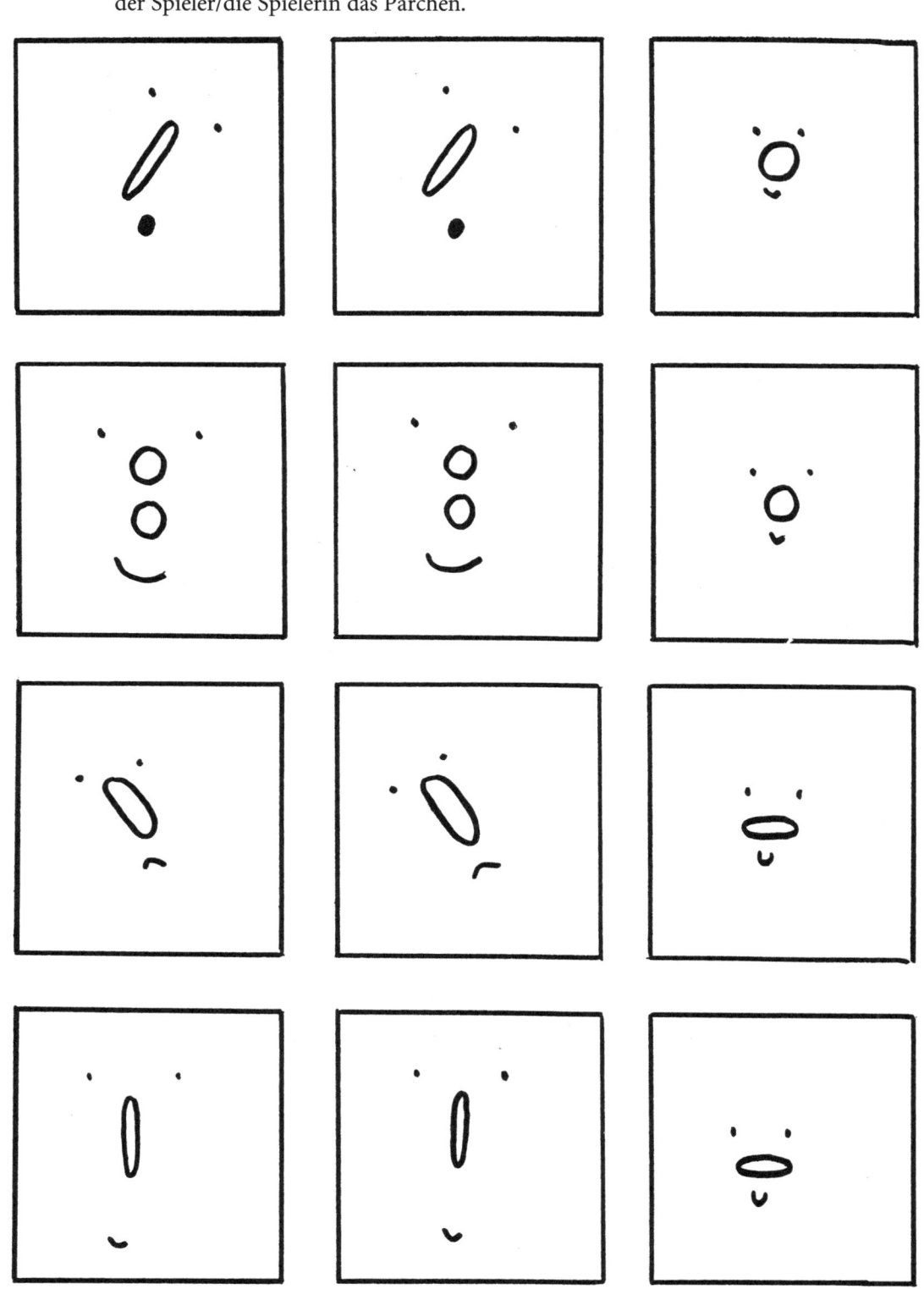

Arbeitsblatt: »Klecksmemory«

Arbeitsblatt: »Tastmemory«

Spielintention: Das Spiel ermöglicht es, Tasterfahrungen zu sammeln. Unterschiedliche Oberflächen sollen erspürt und verglichen werden.

Spiel: Schneiden Sie die quadratischen Formen aus und bekleben Sie immer zwei Formen mit demselben Material (Wolle, Filz, Schmirgelpapier, Reis usw.) Mit verbundenen Augen soll das Kind die Flächen, die gleich sind, ertasten.

Arbeitsblatt: »Tastmemory«

Arbeitsblatt: »Was fühle ich?«

Spielintention: Über den Tastsinn sollen Informationen eingeholt werden, indem die Form als Blume erkannt wird.

Spiel: Kleben Sie Stoff auf die Abbildung und zwar in der Form einer Blume. Dabei eignet sich Filzstoff am besten, da er nicht ausfranst. Schneiden Sie noch andere Formen aus Filz aus und kleben Sie sie auf. So entsteht ein Fühlbild. Mit verbundenen oder geschlossenen Augen soll das Kind die Gegenstände erfühlen.

Arbeitsblatt: »Was fühle ich?«

Arbeitsblatt: »Der Zappelbär«

Spielintention: Der Reim vom Zappelbär soll die Kinder anregen, Bewegungen auszuführen. Die Bewegungen erfordern eine gewisse Koordinationsfähigkeit.

Spiel: Lesen Sie dem Kind den Reim vor und fordern Sie es auf, die genannten Bewegungen mit Ihnen auszuführen. Schon bald wird es einige Zeilen des Reims selber sagen können.

Der Zappelbär

Arme strecken, stampfen, stehen,

einmal klatschen, rückwärts gehen.

»Juhuh«, ruft der Zappelbär,

»ist doch gar nicht schwer!«

Hände schütteln und nun wippen,

mit der Hand auf die Füße tippen.

»Juhuh«, ruft der Zappelbär,

»ist doch gar nicht schwer!«

Linksrum drehen, zweimal springen,

so wird uns das gut gelingen.

»Juhuh«, ruft der Zappelbär,

»ist doch gar nicht schwer!«

Arbeitsblatt: »Spring mit dem Seil«

Spielintention: Das Spiel mit dem Seil fördert die allgemeine Beweglichkeit. Durch das Balancieren auf dem Seil und das Übersteigen des Seiles wird auch der Gleichgewichtssinn geschult.

Spiel: Mit einem Seil die Bewegungen der Abbildungen nachahmen. Vielleicht fallen Ihnen noch andere Bewegungen mit dem Seil ein?

← Einfaches Seilspringen.
Versuche zuerst mit beiden Beinen, dann auf einem Bein und dann abwechselnd zu springen.

← Versuche, wie eine Seiltänzerin auf dem Seil zu balancieren. Kannst du es auch mit geschlossenen Augen?

← Halte das Seil vor deine Knie und steige vorwärts und rückwärts hinüber.

← Lege das Seil im Zickzack auf den Boden und springe hinüber.

Arbeitsblatt: »Jonglieren«

Spielintention: Förderung der Geschicklichkeit durch den Umgang mit Jongliertellern und mit Tüchern.

Spiel: Versuchen Sie gemeinsam mit Hilfe von Jongliertellern und mit Tüchern folgende Kunststücke nachzuahmen. Tücher eigenen sich besonders gut für das Jonglieren mit Kindern, da sie nur langsam zu Boden fallen.

← Jonglierteller mit Stab. Versuche, den Teller auf dem Stab zu halten.

Jongliertücher. Sie eignen sich sehr gut für den Einstieg, da sie sehr leicht sind. →

← Jonglieren mit einem Partner und Tüchern.

Arbeitsblatt: »Mein beweglicher Körper«

Spielintention: Ziel ist es, die Eigenwahrnehmung (Was kann mein Körper?) und die Beweglichkeit zu fördern.

Spiel: Schaffst du es, alle Abbildungen nachzuahmen? Ist dies gelungen, kann der eine Spieler eine Bewegung vormachen, der andere benennt sie.

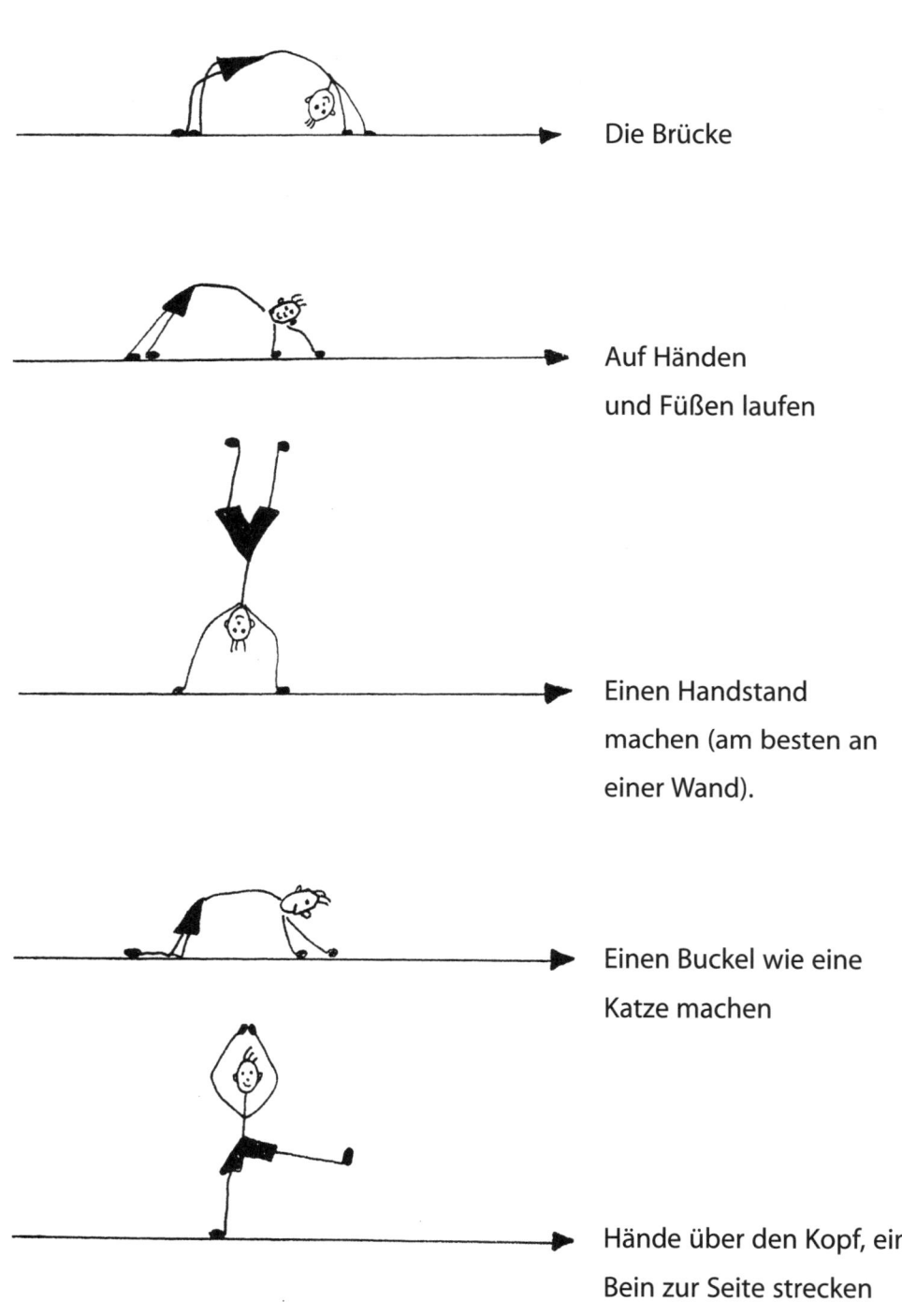

Die Brücke

Auf Händen
und Füßen laufen

Einen Handstand
machen (am besten an
einer Wand).

Einen Buckel wie eine
Katze machen

Hände über den Kopf, ein
Bein zur Seite strecken
und versuchen,
Gleichgewicht zu halten.

Arbeitsblatt: »Tierbewegungen«

Spielintention: Das Spiel hat das Hineinversetzen in andere Bewegungsformen zum Ziel.

Spiel: Per Würfel und Spielfigur wird versucht, das Ziel zu erreichen. Kommt der Spieler an einer Abbildung vorbei, so soll er sich wie das abgebildete Tier bewegen.

Arbeitsblatt: »Der kleine Tanz«

Spielintention: »Der kleine Tanz« fördert die allgemeine Beweglichkeit und schult die Fähigkeit, sich Bewegungsabfolgen zu merken.

Spiel: Üben Sie mit dem Kind die unten abgebildeten Bewegungsabfolgen ein und führen Sie später den kleinen Tanz auf.

1. Ausgangsposition: Beine zusammen

2. Beine grätschen, Arme in die Luft strecken

3. Ausgangsposition

6. Einmal um die eigene Achse drehen

5. Rechtes Bein nach vorn werfen

4. Linkes Bein nach vorn werfen

7. In die Hocke gehen

8. Beine grätschen, Arme in die Luft strecken

9. Ausgangsposition

Arbeitsblatt: »Unterwasserwelt«

Spielintention: Das Ausschneiden soll die Hand- und Fingergeschicklichkeit fördern. Zudem lernen die Kinder einige Meeresbewohner kennen.

Spiel: Die abgebildeten Tiere bemalen, ausschneiden und auf blaue Pappe legen. Beginnen Sie ein freies Spiel, indem Sie z.B. den Fisch nehmen. Dieser sagt zum Sägefisch: »Dort hinten steht eine alte Schatztruhe! Hilfst du mir, sie zu öffnen?«

Arbeitsblatt: »Unterwasserwelt«

Arbeitsblatt: »Schneckenbild«

Spielintention: Förderung der Hand- und Fingergeschicklichkeit durch Aufkleben eines Wollfadens auf die Linien.

Spiel: Die Linien streckenweise mit Kleber versehen und dann den Wollfaden entlang der Linie kleben. Wohin könnte die Schnecke kriechen?

Arbeitsblatt: »Schneckenbild«

Arbeitsblatt: »Händespiel«

Spielintention: Dieses »Händespiel« soll die Fingergeschicklichkeit durch Nachahmung der Finger-
stellungen fördern.

Spiel: Kopieren Sie das Blatt und schneiden Sie die Bilder aus. Anschließend werden die Karten
gemischt und verteilt. Abwechselnd wird nun eine Karte vom Mitspieler gezogen. Immer
zwei gleiche Karten bilden ein Paar. Dieses Paar darf der Spieler aber nur behalten, wenn er
die Fingerstellung nachahmen kann.

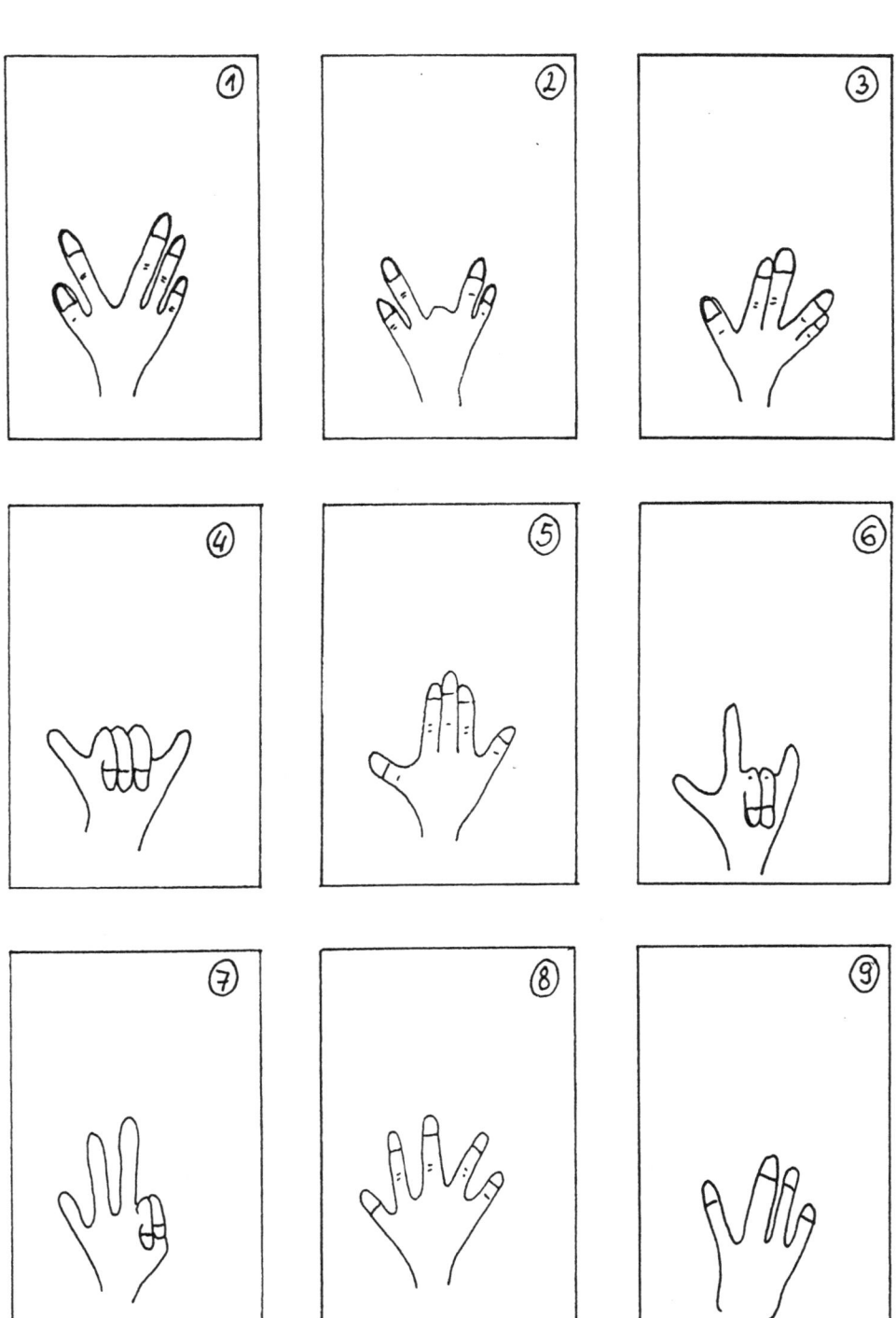

Arbeitsblatt: »Strich und Punkt«

Spielintention: Ziel des Spieles ist es, die Auge-Hand-Koordination zu fördern, indem die Abbildungen nachgezeichnet werden.

Spiel: Bei zwei Spielern zeichnet jeder drei Abbildungen in die freie Zeile. Wer die wenigsten Fehler macht, gewinnt.

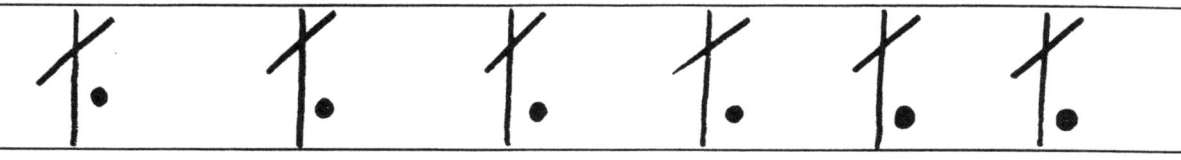

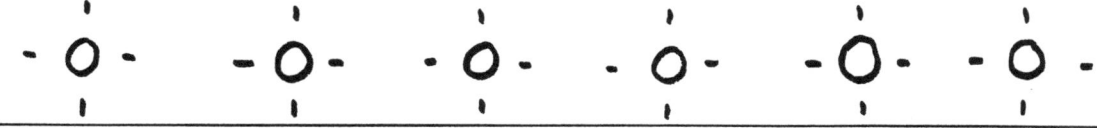

Arbeitsblatt: »Schere, Papier, Brunnen und Stein«

Spielintention: Absicht ist, durch schnelle Reaktion und durch das Bilden der Symbole mit der Hand
die Finger- und Handgeschicklichkeit zu fördern.

Spiel: Ein Spieler sagt »Schnick, schnack, schnuck«. Ist das letzte Wort ausgesprochen, so bildet
jeder Spieler mit der Hand eines der folgenden Symbole. Man verliert – je nachdem welche
Symbole aufeinander treffen.

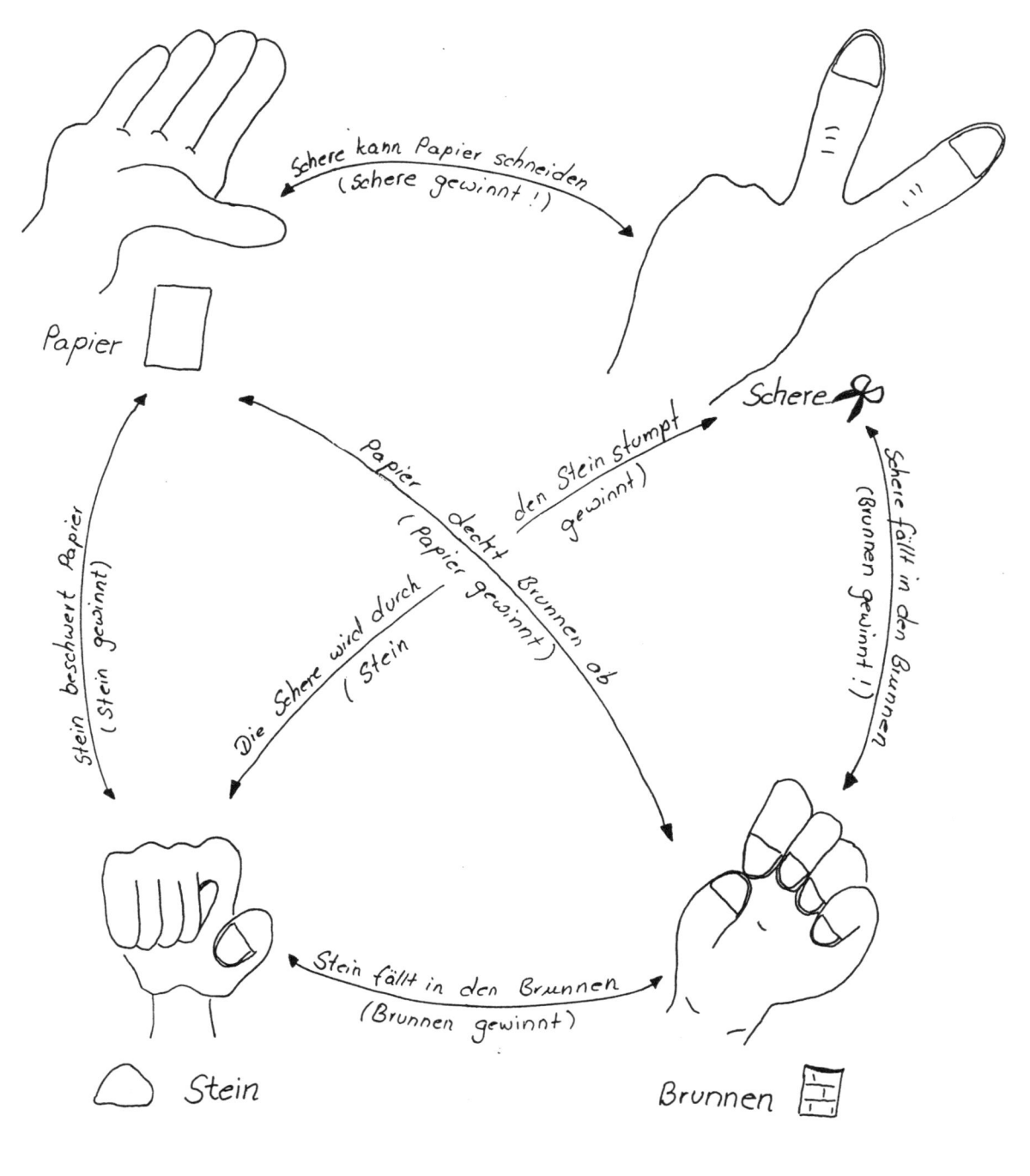

Arbeitsblatt: »Fingerpuppen« (a)

Spielintention: Ziel ist es, über das Spiel der Puppen die Bewegung der Finger anzuregen und sprachliche Äußerungen zu ermöglichen.

Spiel: Basteln Sie mindestens zwei Fingerpuppen und lassen Sie sie in Kommunikation miteinander treten. Anregung für eine Spielszene: »Ein Besuch im Zoo« (es werden zusätzlich Stofftiere aufgestellt) oder »Die Schatzsuche« (verstecken Sie einen kleinen Schatz, z.B. eine Süßigkeit).

Anmerkung: Nehmen Sie für das Basteln Filzstoff, da dieser nicht ausfranst und somit auch nicht umgenäht werden muss.

1. Schritt: Den Umriss der Figur 2 × auf Filz aufmalen.

2. Schritt: Ausschneiden und übereinander legen.

3. Schritt: An den Rändern zusammennähen – bis auf die untere Öffnung für den Finger.

4. Schritt: Den Stoff umstülpen und die Puppen mit Stiften, Knöpfen oder Wollfäden mit Gesichtern (etc.) versehen.

Arbeitsblatt: »Fingerpuppen« (b)

Spielintention: Ziel ist es, über das Spiel der Puppen die Bewegung der Finger anzuregen und sprachliche Äußerungen zu ermöglichen.

Spiel: Basteln Sie mindestens zwei Fingerpuppen und lassen Sie sie in Kommunikation miteinander treten. Anregungen für eine Spielszene: »Hase und Schwein feiern ein Fest« oder »Das Pferd sucht einen Freund«.

Anmerkung: Nehmen Sie für das Basteln Filzstoff, da dieser nicht ausfranst und somit auch nicht umgenäht werden muss.

Arbeitsblatt: »Schattentheater«

Spielintention: Durch das Bilden von Figuren mit Hilfe der Hände wird die Handgeschicklichkeit gefördert. Die Einbindung in eine szenische Darstellung ermöglicht, im Spiel sprachlich aktiv zu werden.

Spiel: Probieren Sie gemeinsam, welche Bewegungen mit der Hand welche Schatten werfen. Die unten abgebildeten Figuren erfordern einiges Geschick. Ist dies zu schwierig, kann man auch seinen ganzen Körper einsetzen und kleine Szenen vorführen.

Beispiel: Ausschnitte aus Märchen: Hänsel und Gretel kommen ans Hexenhäuschen und beratschlagen, ob sie von den Lebkuchen essen können. Eine weitere Möglichkeit besteht darin, Stabpuppen zu basteln. Dazu schneidet man aus Pappe eine Figur aus und klebt diese an einen Stab.

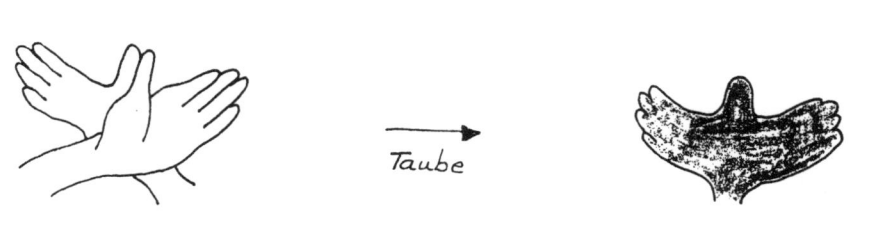

Arbeitsblatt: »Kannst du das?«

Spielintention: Durch den Reim werden mundmotorische Fähigkeiten gefördert (Beweglichkeit der
Lippen- und Zungenmuskulatur).

Spiel: Lesen Sie den Reim vor und ermuntern Sie das Kind, mit Ihnen die Bewegungen
auszuführen.

Kannst du das?

Lippen lecken,

 Zunge rausstrecken,

Kussmund machen,

 ganz breit lachen!

Mit der Zunge an die Nase tippen,

 so und nun versteck die Lippen!

Lippen aufeinander legen,

 nun ganz leise, nicht bewegen.

Arbeitsblatt: »Kannst du das?«

Arbeitsblatt: »Geräusche«

Spielintention: Das Spiel verfolgt die Absicht, über bestimmte Tierlaute die Lippen- und Zungenbeweglichkeit zu trainieren.

Spiel: Mit Spielfiguren und einem Würfel soll das Ziel erreicht werden. Kommt ein Spieler an einer Abbildung vorbei, soll er versuchen, das Geräusch nachzuahmen.

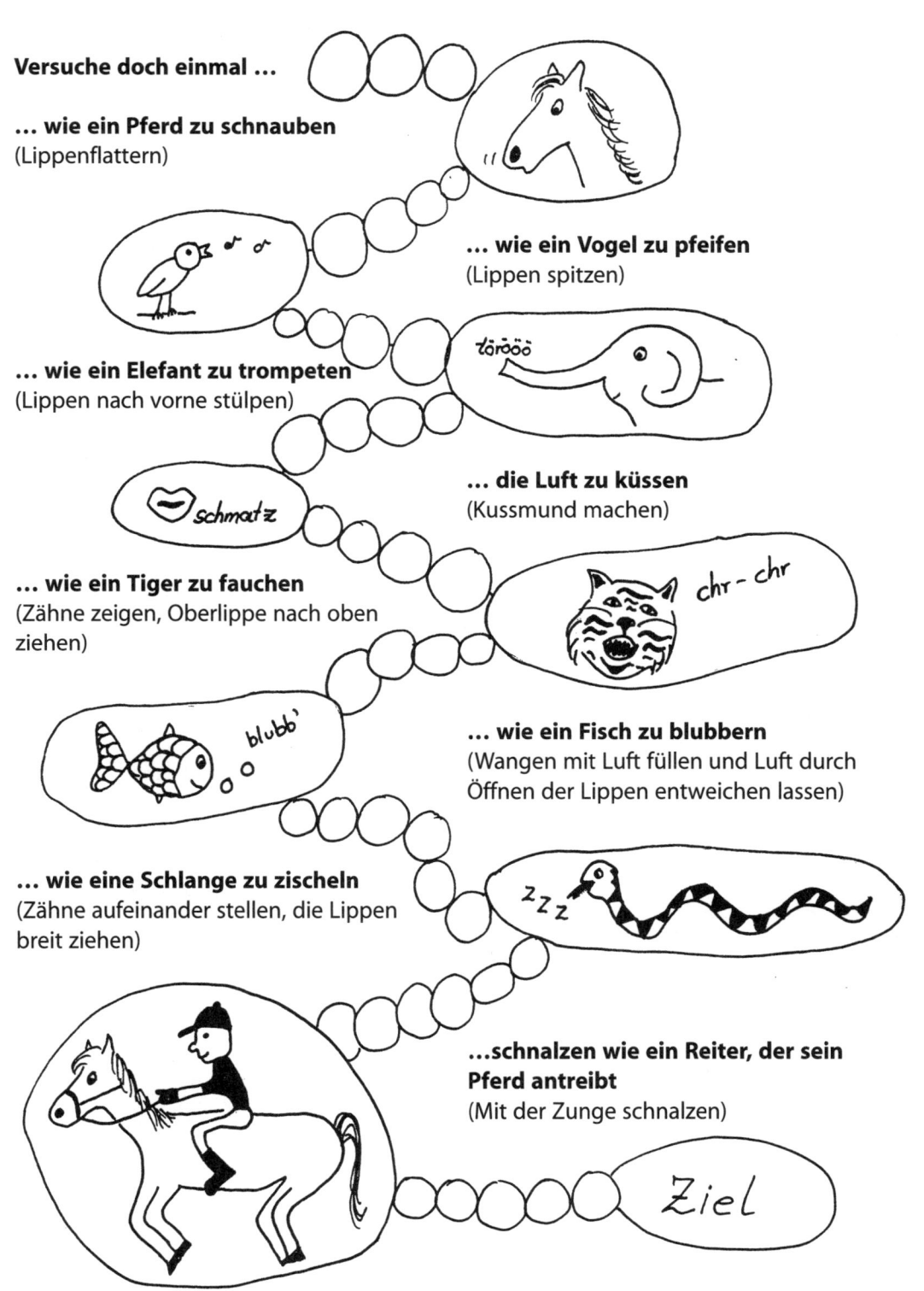

Versuche doch einmal …

… wie ein Pferd zu schnauben
(Lippenflattern)

… wie ein Vogel zu pfeifen
(Lippen spitzen)

… wie ein Elefant zu trompeten
(Lippen nach vorne stülpen)

… die Luft zu küssen
(Kussmund machen)

… wie ein Tiger zu fauchen
(Zähne zeigen, Oberlippe nach oben ziehen)

… wie ein Fisch zu blubbern
(Wangen mit Luft füllen und Luft durch Öffnen der Lippen entweichen lassen)

… wie eine Schlange zu zischeln
(Zähne aufeinander stellen, die Lippen breit ziehen)

…schnalzen wie ein Reiter, der sein Pferd antreibt
(Mit der Zunge schnalzen)

Arbeitsblatt: »Die dicke Hummel«

Spielintention: Kinderreime bieten eine schöne Möglichkeit, Fähigkeiten im Bereich der Artikulation zu fördern. Sie sprechen Kinder an und sind durch ihre einfache Struktur leicht zu merken und nachzusprechen.

Spiel: Neben dem Vorlesen, Mitklatschen und Bemalen besteht auch hier wieder die Möglichkeit, das Gedicht auf ganzheitliche Weise dem Kind näher zu bringen. Basteln Sie doch einfach eine kleine Hummel (z.B. durch das Bemalen einer Styroporkugel) und geben Sie sie dem Kind in die Hand während sie vorlesen.

Die dicke Hummel

Eine kleine Hummel,
dick und kugelrund,
summt in den Sommer
munter und gesund.

S-s-s-s-s-summt nach links
und
s-s-s-s-s-summt nach rechts

summt vor lauter Glück
über Blüten, Wiesengrün,
vorwärts und zurück.

Arbeitsblatt: »Rudi Rüssel«

Spielintention: Kinderreime bieten eine schöne Möglichkeit, Fähigkeiten im Bereich der Artikulation zu fördern. Sie sprechen Kinder an und sind durch ihre einfache Struktur leicht zu merken und nachzusprechen.

Spiel: Ein Vorschlag wäre, den Text zunächst nicht ganz vorzulesen. Rudi Rüssel macht einen Rüsselstand – warum fällt er um? Zeigen Sie die Bilder und lesen Sie dann den Schluss vor. Oder begleiten Sie das Vorlesen mit Bewegungen: »Rudi Rüssel – Elefant« (mit den Armen einen Rüssel machen) »tobt auf der Wiese« (sich im Kreis drehen) »und macht 'nen Rüsselstand« (mit den Armen als Rüssel den Boden berühren) usw.

Rudi Rüssel

Rudi Rüssel – Elefant

tobt auf der Wiese

und macht 'nen Rüsselstand.

Da kommt 'ne kleine fiese

Mücke und eben diese

pikt Rudi in den Rüssel.

Das war dumm,

denn er fiel um.

Arbeitsblatt: »Der Wind«

Spielintention: Kinderreime bieten eine schöne Möglichkeit, Fähigkeiten im Bereich der Artikulation zu fördern. Sie sprechen Kinder an und sind durch ihre einfache Struktur leicht zu merken und nachzusprechen.

Spiel: Lesen Sie den Reim vor, klatschen Sie mit oder bemalen Sie die Abbildung. Der Reim eignet sich auch gut, um ihn mit Geräuschen zu untermalen (mit dem Mund pusten, pfeifen, das Rascheln der Blätter mit wirklichen Blättern nachahmen).

Der Wind

Er schiebt die Wolken vor sich her
braust auf und stürmt –
fegt Straßen leer.

Eiderdaus, ein Hut fliegt fort,
mit dem Wind –
in Richtung Nord.

In den Bäumen rascheln Blätter,
es weht und flattert –
was für ein windiges Wetter!

Arbeitsblatt: »Wasserdrachen«

Spielintention: Kinderreime bieten eine schöne Möglichkeit, Fähigkeiten im Bereich der Artikulation zu fördern. Sie sprechen Kinder an und sind durch ihre einfache Struktur leicht zu merken und nachzusprechen.

Spiel: Kinderreim zum Vorlesen, Mitklatschen und Bemalen. Eine Alternative zu dem herkömmlichen Umgang mit Reimen wäre der Einbau des Reims in eine Entspannungsphase. Dazu soll sich das Kind mit einer Decke auf den Boden legen und die Augen schließen. Lesen Sie den Reim langsam vor, sodass Zeit für Assoziationen besteht. Stellen Sie eine Schüssel neben sich und lassen Sie Wassergeräusche entstehen.

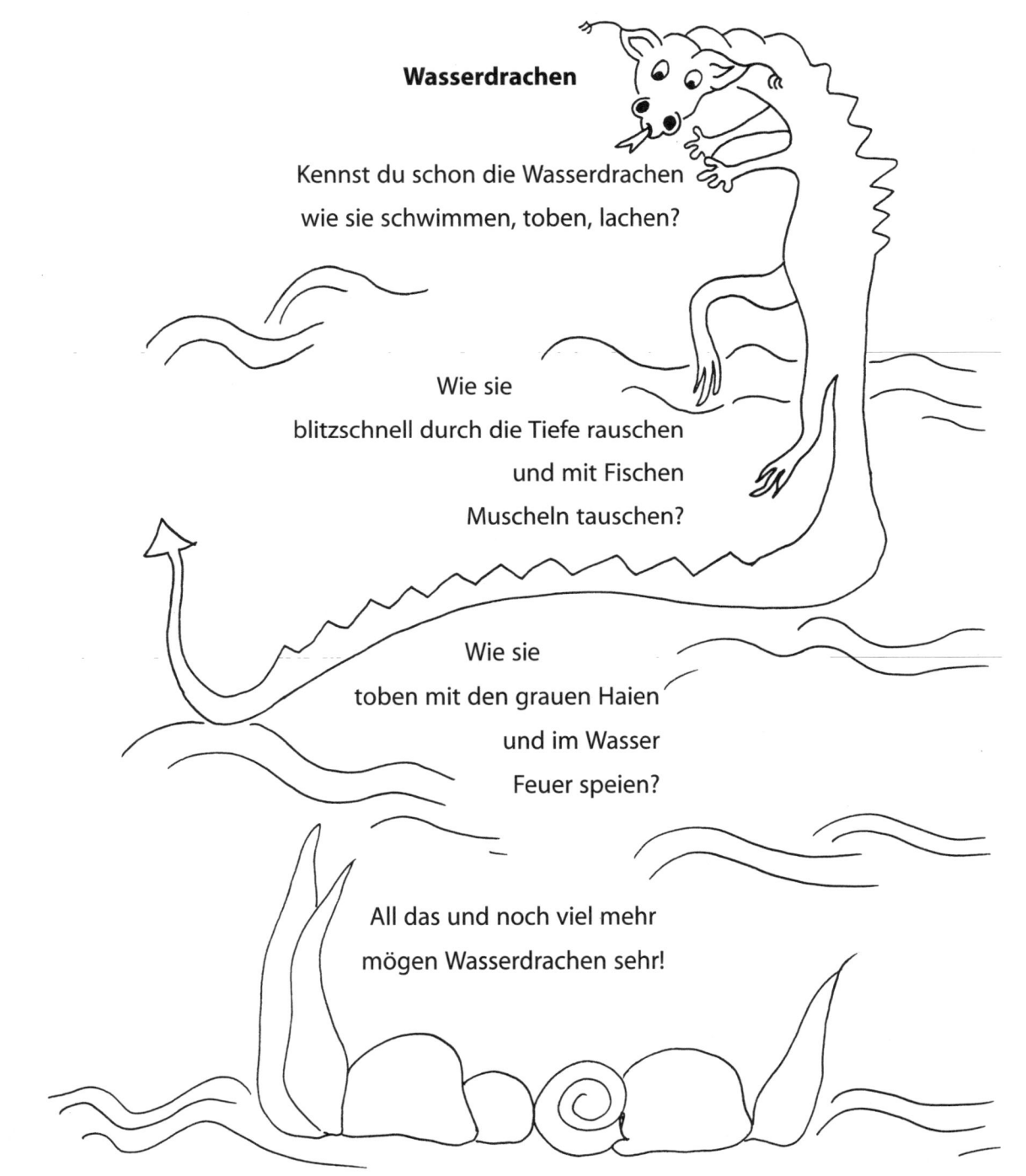

Wasserdrachen

Kennst du schon die Wasserdrachen

wie sie schwimmen, toben, lachen?

Wie sie

blitzschnell durch die Tiefe rauschen

und mit Fischen

Muscheln tauschen?

Wie sie

toben mit den grauen Haien

und im Wasser

Feuer speien?

All das und noch viel mehr

mögen Wasserdrachen sehr!

Sprachförderung planen – aber wie?

In den theoretischen Grundlagen dieses Buches bin ich schon einmal auf diese Frage eingegangen und habe ansatzweise versucht, sie zu beantworten (siehe S.13). Wichtig sind mir vor allem zwei Aspekte, die eine Sprachförderung begleiten sollten: Das Spiel und der Sinnzusammenhang. Beides sollte ineinander greifen, um eine möglichst hohe Effektivität zu erreichen. Unter Sinnzusammenhang verstehe ich eine Förderreihe, die ein bestimmtes Thema auf möglichst vielen Ebenen erfasst.

Die Beispiele einer Sprachförderung, die ich auf den folgenden Seiten beschreibe, sind nicht für ein bestimmtes Kind geschrieben, sondern allgemein. Sie soll eine Hilfe sein, wie eine sprachliche Förderung aussehen könnte. Für die zwei sprachlichen Bereiche »kommunikative Fähigkeiten« und »Wortschatz« habe ich beispielhaft eine Rahmenhandlung entworfen, an der sich die Förderung orientieren kann. So erhält die das Kind fördernde Person einen Leitfaden, der beliebig erweiterbar ist.

Aspekte, die eine Förderung berücksichtigen sollte:

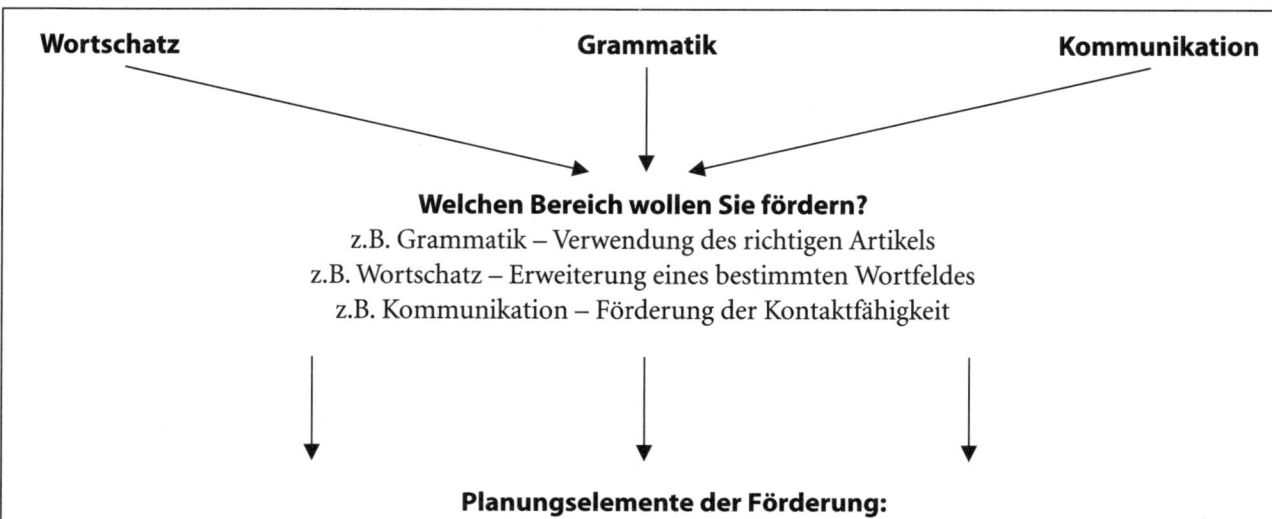

Wortschatz **Grammatik** **Kommunikation**

Welchen Bereich wollen Sie fördern?
z.B. Grammatik – Verwendung des richtigen Artikels
z.B. Wortschatz – Erweiterung eines bestimmten Wortfeldes
z.B. Kommunikation – Förderung der Kontaktfähigkeit

Planungselemente der Förderung:
- Gibt es Interessen oder Stärken des Kindes, die man in die Förderung mit einbeziehen kann? (Wenn das Kind z.B. Schwierigkeiten hat, einfache Sätze zu bilden, überlegen sie, ob es einen Bereich gibt, über den es einen Zugang findet: Vorliebe / Interesse / Talent?
- Welche Spielideen fallen Ihnen zu diesem Bereich ein? Sammeln sie möglichst verschiedene Ideen, um den Förderbereich möglichst handelnd zu erfassen.
- Ordnen Sie die Ideen zu einem Sinnzusammenhang! Gehen Sie vom Anschaulichen zum Abstrakten und vom Bekannten zum Unbekannten.

An dieser Stelle sei noch einmal ausdrücklich darauf hingewiesen, dass selbst die folgenden Fördervorschläge keine Sprachtherapie ersetzen können. Sie sollen als Hilfe für eine allgemeine sprachliche Förderung im Hinblick auf eventuelle sprachliche Unsicherheiten des Kindes oder auch als zusätzliche Maßnahme gedacht sein.

Als Beispiele für eine sprachliche Förderung habe ich zwei Bereiche ausgewählt:
- Die Förderung der kommunikativen Fähigkeiten (Schwerpunkt: Sprachliche Selbstsicherheit)
- Die Erweiterung des Wortschatzes (Schwerpunkt: Wortfeld »Tiere im Zoo«)

Die beispielhafte Sprachförderung ist in Fördereinheiten unterteilt. In jeder Fördereinheit wird unterschieden zwischen dem Vorgehen (Was wird gemacht?) und welcher Förderaspekt im Vordergrund steht (Was wird wie gefördert?). Anschließend werden die Materialien und die Vorbereitungen beschrieben, die für die Fördereinheit notwendig sind. Auf den darauffolgenden Seiten finden Sie Kopiervorlagen für die Förderung, die als zusätzliche Arbeitserleichterung dienen sollen.

Fördermöglichkeiten im Bereich »kommunikative Fähigkeiten«

Die Erweiterung der kommunikativen Kompetenz ist wohl die schwierigste Aufgabe, weil es um den zwischenmenschlichen Dialog geht. Vielleicht hat das Kind Schwierigkeiten, weil es kaum etwas sagt oder aber weil es sozusagen »drauf-los-erzählt«? Zur kommunikativen Kompetenz gehören aber auch Elemente der Sprachgestaltung, d.h. ob wir zu laut, zu undeutlich oder zu schnell sprechen. Als beispielhaftes Förderziel habe ich die »Stärkung des sprachlichen Selbstbewusstseins« gewählt. Dies wäre eine Fördermöglichkeit für Kinder, die sprechscheu sind oder sich nicht trauen, auf andere zuzugehen.

Als Rahmenhandlung habe ich das Thema Außerirdische und Weltraum gewählt, da es viele Kinder fasziniert. Als Hauptfigur innerhalb der Förderung tritt Grünix (eine Handpuppe) auf, die zum Sprechen motivieren soll. Wie schon erwähnt, es ist eine beispielhafte Förderung! Sie können jede beliebig andere Handpuppe nehmen und sich eine entsprechende Geschichte dazu ausdenken. Wer Lust hat, kann Grünix aber auch nachbasteln (siehe Arbeitsblatt zur Sprachförderung »kommunikative Fähigkeiten«). Zu erwähnen ist noch, dass es entscheidend ist, wie das Kind auf die Handpuppe reagiert. Reagiert es ablehnend hat es wenig Sinn, die Förderreihe durchzuführen.

Beispiel einer Sprachförderung zur Förderung der kommunikativen Fähigkeiten (Sprachliche Selbstsicherheit) Rahmenhandlung »Grünix, der Außerirdische« (6 Fördereinheiten)

Fördereinheit	Vorgehen:	Förderung / Teilaspekte der Förderung:
1	In der Mitte des Raumes liegt ein (vorbereiteter) Brief. Gemeinsam wird er geöffnet. Er enthält die Zeichnung von einem Außerirdischen – Grünix. Die E. erzählt, dass uns Grünix bald besuchen kommen wird und das er sehr freundlich ist. Sie lässt das Kind erzählen, was es über Außerirdische weiß und welche Möglichkeiten es gibt, mit ihm in Kontakt zu treten. Gemeinsam wird das Weltraum-Spiel gespielt. Mit Figuren und Würfel gehen wir Felder ab und decken, wenn wir z.B. an Sternen vorbeikommen, eine Karte auf. Auf diese Art und Weise üben wir die Begrüßung.	Der Brief soll die Neugier des Kindes wecken und zum Sprechen anregen. In dieser ersten Fördereinheit sollen Möglichkeiten der Kontaktaufnahme im Spiel erprobt werden. Wichtig ist, wie das Kind auf die Geschichte und hinterher auf die Handpuppe reagiert. Zieht es sich zurück oder lässt es sich auf die Handlung ein? Dies ist für den weiteren Verlauf von besonderer Bedeutung! Verschiedene Möglichkeiten der Begrüßung bzw. der Kontaktaufnahme sollen bewusst gemacht und erprobt werden.
	Materialien: Vorbereiter Brief (individuell), Weltraum-Spiel und Symbolkarten zur Begrüßung (siehe Arbeitsblatt zur Sprachförderung »kommunikative Fähigkeiten«)	
2	Zum Einstieg wiederholen wir die Möglichkeiten der Begrüßung. Die E. hat die Handpuppe vorher in einen Papierkorb getan und vor die Tür gestellt. Sie sagt, sie höre ein Geräusch. Gemeinsam wird die Tür geöffnet und das Raumschiff (=Papierkorb) hineingetragen. Fordern sie das Kind auf, an das Raumschiff zu klopfen. Grünix kommt aus seinem Raumschiff und schaut sich »ängstlich« um. Machen Sie den Anfang und begrüßen Sie ihn. Ermutigen Sie das Kind, dies auch zu tun. Versuchen Sie einen Dialog mit der Handpuppe entstehen zu lassen. Inhalte könnten sein: – Namen oder Hobbys austauschen – Wie es auf der Erde aussieht	Wiederholung der Kontaktaufnahme Erzählen Sie, dass Grünix sehr ängstlich ist, weil er den Planeten Erde ja noch nicht kennt. Dadurch fällt es dem Kind leichter, einen Zugang zu finden bzw. sich mit der Spielfigur zu identifizieren. Klopfen an das Raumschiff: Erster Schritt zur Kontaktaufnahme. Zweiter Versuch einer verbalen und nonverbalen Kontaktaufnahme. Das Kind soll seine Scheu vor dem Sprechen durch seine Neugier auf den Außerirdischen verlieren. Da Grünix das erste Mal auf der Erde ist, ist das Kind der »Experte«.
	Materialien: Handpuppe, Papierkorb	

Fördereinheit	Vorgehen:	Förderung / Teilaspekte der Förderung:
3	Grünix landet wieder vor der Tür und wird begrüßt. Er möchte sich heute den Raum, in dem er landet, genauer anschauen. Fordern Sie das Kind auf, ihm Gegenstände zu erklären, die er sich genauer anschaut (Tisch, Stifte etc.) Grünix fliegt wieder weg und wir verabschieden ihn.	Sich wiederholendes Ritual zur Festigung von Strukturen. Das Zeigen des Raumes ist eine weitere Übung zum Abbau von Redehemmungen. Variieren Sie die Ansprache an die Handpuppe – wenn das Kind z.B. sehr leise spricht, fordern sie es auf, lauter zu reden, denn Außerirdische können nicht gut hören!
	Materialien: Handpuppe, Papierkorb	
4	Wieder liegt in der Mitte des Raumes ein Brief, indem steht, dass Grünix krank ist und heute nicht kommen kann. Wir nutzen dies und bereiten das nächste Treffen vor. Ziel ist es, Grünix zu zeigen, was es auf der Erde Essbares gibt. Dazu werden Bildkarten mit Lebensmitteln aufgemalt. Innerhalb eines Spieles (Weltraumspiel) sollen ihm diese erklärt werden.	Das Kind soll zu mehr sprachlichem Selbstbewusstsein gelangen, indem es spielerisch Kommunikationssituationen übt. Dabei können wir die Bildkarten nach Interesse auch verändern: Je nachdem, was das Kind Grünix zeigen will – dies könnten auch Tiere, Autos oder andere Dinge sein.
	Materialien: Vorbereiteter Brief, Gestaltung von Bildkarten (Papier und Stifte).	
5	Wieder landet Grünix vor der Tür und wir führen die übliche Begrüßung durch. Gemeinsam wird das Spiel aufgebaut und die Bildkarten auf das Spielfeld gelegt. Wir erklären Grünix, dass wir ihm heute zeigen, was man auf der Erde alles essen kann. Abwechselnd wird gewürfelt. Kommt ein Spieler an einem Sternenfeld vorbei, so muss er Grünix das entsprechende Lebensmittel erklären. Ist Grünix an der Reihe kann er Fragen zu den entsprechenden Karten stellen.	Begrüßungsritual. Wir zeigen Grünix ein Teil unserer Welt (Dinge, die Essbar sind). Ziel ist es, von strukturierten Kommunikationssituationen wie im Weltraumspiel zu offeneren zu gelangen (siehe 6. Fördereinheit). Hat das Kind noch Schwierigkeiten damit, können vor der 6. Fördereinheit noch andere Situationen durchgespielt werden. Beispiele: Wir zeigen uns Photos von Freunden und Verwandten, wie wir wohnen etc.
	Materialien: Weltraumspiel, Spielfiguren und Würfel, selbstgebastelte Spielkarten	
6	Nachdem Grünix wieder gelandet ist, möchte er etwas über das Leben auf der Erde erfahren. Er hat sich aufgeschrieben, was er im Umgang mit anderen Menschen beachten muss. Dies könnte z.B. Folgendes sein: – Ein Kind spielt auf einer Wiese. Ich möchte gerne mitspielen. Was muss ich tun? – Ich möchte ein Eis kaufen. Wohin muss ich gehen und was muss ich sagen, um das richtige Eis zu bekommen? – Ich möchte einen Brief versenden. Was brauche ich, damit er richtig abgeschickt wird. – Ich möchte in die Stadt einkaufen fahren. Wie schaffe ich es, mit dem Zug dorthin zu kommen? – Einen Anruf tätigen – Was muss ich tun, um eine Freundin anzurufen.	Nach und nach dürfte das Kind seine Scheu verloren haben, Grünix zu begrüßen und anzusprechen. Da der Außerirdische aber noch mehr von der Welt kennen lernen möchte, üben wir mit ihm reale Kommunikationssituationen. Die Situationen sollen geübt werden, damit es dem Kind leichter fällt, diese selber zu bewältigen. Auch, wenn das Kind sehr unsicher ist, gegenüber dem Außerirdischen ist es der Experte darin, wie man andere Menschen anspricht. Wer die Möglichkeit hat, kann in einem weiteren Schritt all dies ausprobieren: Grünix wird in einen Rucksack gesteckt und das Kind zeigt ihm, wie man Eis kauft, jemanden anruft, was man bei der Post kaufen muss, um einen Brief abzusenden.
	Materialien: Verschiedene Materialien, die für die oben genannten Kommunikationssituationen notwendig sind.	

Weitere Anregungen:
● Führen Sie ein Interview mit Grünix durch. Gemeinsam wird vorher überlegt, was wir einen Außerirdischen fragen könnten. Besonders spannend ist es, wenn man Gelegenheit hat, es auch per Tonband aufzunehmen.
● Zeigen Sie ihm die Welt des Fernsehens. Basteln sie aus einem Karton einen Fernseher und spielen Sie ihm, gemeinsam mit dem Kind, einen Wetterbericht, die Nachrichten oder Werbung vor.
● Wie Anfangs erwähnt, ist der Erfolg der Förderung von der Akzeptanz der Handpuppe abhängig. Manche Kinder fürchten sich gar vor einer Handpuppe. Ist dies der Fall, versuchen Sie es einfach mit einer Plastikfigur aus dem Spielwarenhandel. Dies hat zwar nicht dengleichen Effekt, verfolgt aber dieselbe Idee: Jemanden zu helfen, sich auf der Erde zurecht zu finden.

Arbeitsblatt zur Sprachförderung »Erweiterung der kommunikativen Fähigkeiten«
Förderziel: »Stärkung des sprachlichen Selbstbewusstseins«

Visualisierung: Begrüßungsbrief des Außerirdischen

Hallo!
Ich bin Grünix und komme von einem anderen Planeten.
Bald werde ich Dich besuchen! Bis dann,

Grünix

Bildkarten zur Kontaktaufnahme

Jemanden freundlich
in die Augen schauen!

Jemanden auf die Schulter
tippen, um ihn anzusprechen!

»Hallo«

»Hallo« – sagen

Die Hand zum
Gruß heben.

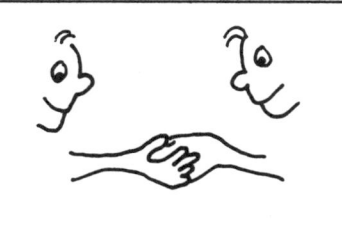

Sich gegenseitig
die Hände reichen

Wie heißt du?

Wie geht es dir?

Alles klar?

Begrüßungsfragen
stellen

Weltraumspiel

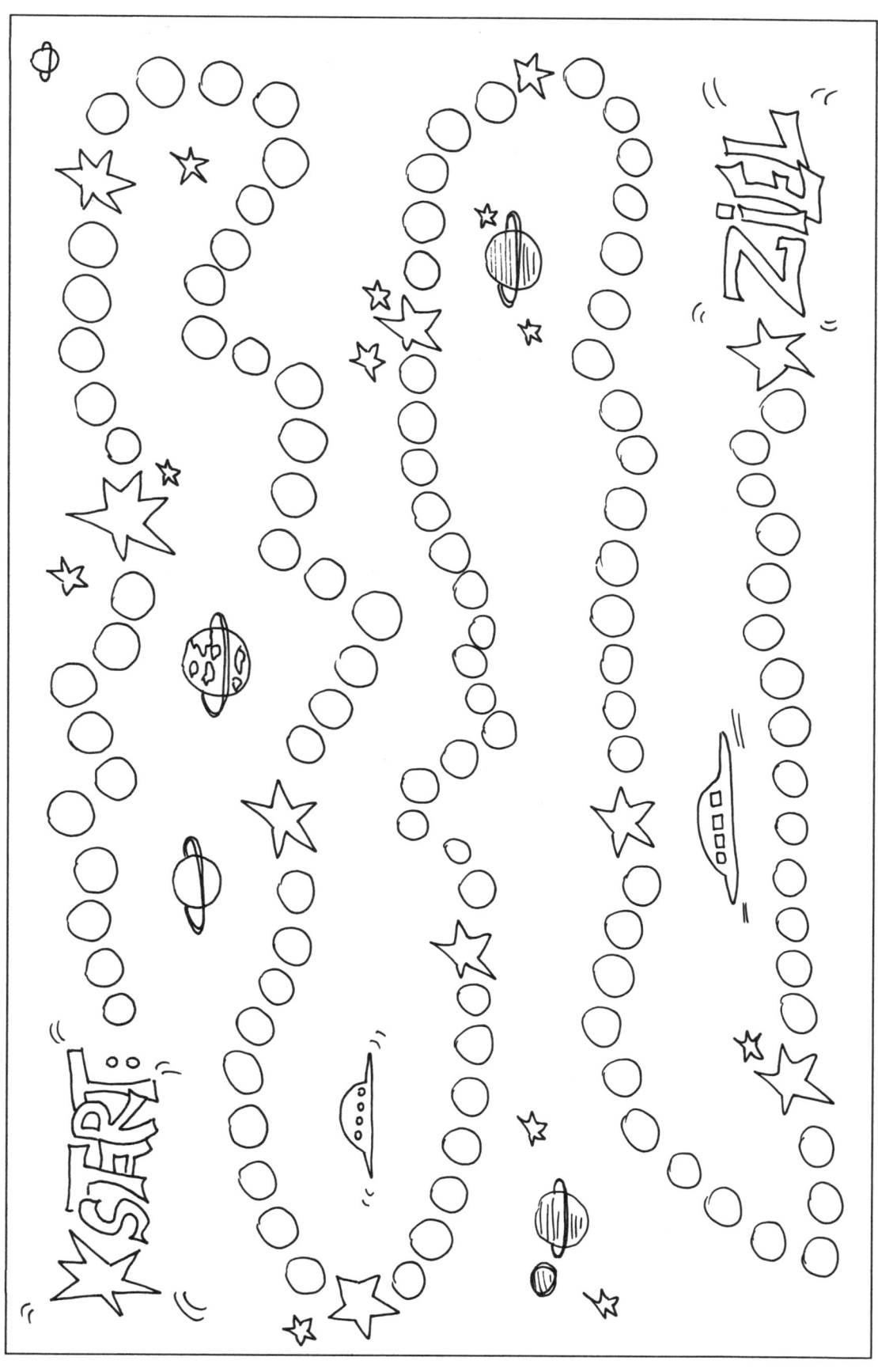

Weltraumspiel

Wie man einen Außerirdischen bastelt:

Materialien: Grüner Filzstoff, eine mittelgroße Styroporkugel für den Kopf, einen Korken, Pfeifenputzer, Alufolie, Abtönfarbe (grün, weiß und schwarz), Kleber, Schere, Nadel und Faden.

1. Schritt: Die Umrisse des Kleides

auf grünen Filzstoff zeichnen,

ausschneiden und zusammennähen.

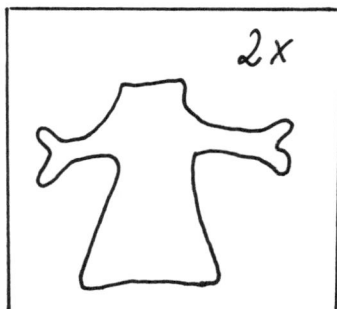

2. Schritt: Die Styroporkugel und den Korken

grün anmalen, trocknen lassen.

Aus der Alufolie spitze Ohren formen

und die Pfeifenputzer um eine Stift wickeln,

damit sie eine Spiralenform bekommen. Alle losen Teile an

den Kopf ankleben, Mund und Augen aufmalen.

3. Schritt: Den oberen Teil des Filzstoffes

mit Kleber versehen und in oder an

die Styroporkugel kleben.

Fertig ist Grünix!

Fördermöglichkeiten im Bereich »Wortschatzerweiterung«

Oft hat ein Kind gravierende Probleme, das passende Wort zu finden bzw. ersetzt es durch ein anderes Wort. Die das Kind fördernde Person soll nun überlegen, ob dies bei allen Bereichen auftritt (allgemein unsicherer Wortschatz) oder nur bei speziellen Wortfeldern. Es empfiehlt sich für die Förderung immer, vorher einen bestimmten Bereich abzustecken, den es zu fördern gilt.

Beispiel einer Sprachförderung zur Erweiterung des Wortschatzes
Wortfeld »Tiere im Zoo« (10 Fördereinheiten)

Fördereinheit	Vorgehen:	Förderung / Teilaspekte der Förderung:
1	Die E. fragt das Kind ob es schon einmal Tiere aus fremden Ländern im Fernsehen gesehen hat oder ob es einen Zoobesuch gemacht hat. Sie erklärt, dass auf der Tapete ein Zoo entstehen soll. Abwechselnd malt jeder ein Tier in ein Gehege, dass der andere erraten soll.	Das Kind äußert sich zu Tieren, die es schon kennt. So erfährt die E. etwas über die Vorerfahrung des Kindes. Es ist ratsam, sich Notizen zu machen, welche Tiere das Kind kennt bzw. welche nicht.
	Materialien: Ein Stück Tapete, Wachsmaler (o.ä.), Klebestreifen *Vorbereitung:* Die Tapete wird auf den Boden geklebt. Einige Gehege (Rechtecke) sind schon eingezeichnet.	
2	Eine weitere Auswahl noch nicht genannter Abbildungen von Tieren liegt bereit und wird in das Bild integriert, z.B. durch wechselseitiges Ziehen und Benennen der Bilder. Anschließend werden die Gehege per Korkdruck so miteinander verbunden, dass ein Spiel entsteht. Dabei soll das Kind mitwirken. Das Spiel wird nun gespielt. Kommt ein Spieler an einem Tiergehege vorbei, so soll er das Tier im Gehege benennen. Variation: Bei einem grünen Punkt werden die Augen geschlossen und ein Zootier aus dem Gedächtnis benannt werden.	Durch die zusätzlichen Bilder soll das Kind Gelegenheit erhalten, auch die Tiere zu benennen, die es zwar kennt, auf die es aber vorher nicht gekommen ist. Feinmotorische Aspekte Wiederholung / Festigung der schon benannten Tiere.
	Materialien: Bilder von Zootieren, Korken, Farben, Spielfiguren, Würfel *Vorbereitung:* Die Tapete wird auf dem Boden ausgebreitet, die Abbildungen liegen daneben.	
3	Lesestunde: Die E. schaut mit dem Kind Bücher an, die sich mit dem Thema Zoo beschäftigen (möglichst bebildert) und liest dem Kind eine Zoogeschichte vor.	Emotionaler Zugang zum Thema
	Materialien: Verschiedene Bücher zum Thema Zoo. Dies können Sachbücher als auch Geschichten rund um den Zoo sein.	

Fördereinheit	Vorgehen:	Förderung / Teilaspekte der Förderung:
4	Wählen sie Tiere aus, um die der Wortschatz des Kindes erweitert werden soll und welche, die das Kind bereits kennt. Die von Ihnen getroffene Auswahl wird nun anhand von Abbildungen (Bildkärtchen) an eine Wand gestellt. Abwechselnd versucht nun jeder mit einer Murmel die Karte abzutreffen. Der Spieler soll benennen, was er treffen will, z.B.: »Ich möchte den Affen treffen!« Jede getroffene Karte ergibt einen Punkt.	Vorauswahl der noch nicht bekannten Tiere. Natürlich wird das Kind mehr Begriffe rund um den Zoo lernen (Tierpfleger, Gehege usw.), doch konzentrieren sie sich auf die von Ihnen getroffene Auswahl. Das Kind hört so die ihm noch nicht so bekannten Wörter, kann sie aber, wenn es sie öfter gehört hat, selber benennen. Motorische Komponente
	Materialien: Bildkarten von den ausgewählten Tieren, Murmeln	
5	Die E. greift nun Tiere heraus, die es in den folgenden Fördereinheiten näher zu Betrachten gilt. »Der Papagei« Zunächst soll das Kind von den vorhandenen Bildkärtchen das heraussuchen, dass den Papageien zeigt. Die E. nimmt das Bild mit dem Umriss vom Papageien und fordert das Kind auf, den Vogel mit den umliegenden Materialien auszustatten. Schön wäre es, wenn eine Aufnahme eines Papageis abgespielt werden könnte.	Der Name eines Tieres wird besser mit dem jeweiligen Tier verbunden, wenn das Tier für das Kind auf mehreren Ebenen erfahrbar gemacht wird. Das Kind soll das erfahren, was den Papageien ausmacht: Seine bunten Federn, der harte Schnabel und die ebenso harten und spitzen Krallen. Ein sehr wesentliches Merkmal ist die Stimme des Papageis (Gekreische, Geplapper...)
	Materialien: Bildkarten, Bildumriss vom Papagei, kleine bunte Federn aus dem Bastelgeschäft, dunkle, harte Pappe als Schnabel und Krallen, CD / Cassette mit Papageienstimme falls möglich. *Anmerkung:* Für diese und die nächsten zwei Fördereinheiten wähle ich beispielhaft die Tiere »Papagei« und »Löwe«. Es sollten aber Tiere sein, die das Kind noch nicht sicher in seinem Wortschatz aufgenommen hat.	
6	»Der Löwe« Der Einstieg für den Begriff »Löwe« könnte so aussehen, dass die Abbildung mit mehreren Papierschnipseln abgedeckt ist und nacheinander eins weggenommen wird. Welches Tier kommt zum Vorschein? Die E. holt eine Kiste und fordert das Kind auf, in diese hineinzugreifen und zu sagen, was es fühlt. Was fühlt sich am ehesten wie eine Löwenmähne an? Anschließend kann das »Schleichen wie ein Löwe« im Spiel geübt werden: Ein Spieler sitzt mit geschlossenen Augen da, der andere versucht sich anzuschleichen. Hört der sitzende Spieler ihn, zeigt er auf die Richtung und öffnet die Augen. ● Verfahren Sie so mit weiteren, ausgewählten Tieren.	Wecken der Neugierde Die Papierteile können auf bestimmten Körperteilen des Löwen liegen, die charakteristisch für ihn sind (z.B. seine Mähne). Das Kind soll den Löwen mit allen seinen Merkmalen kennenlernen: Seine dicke Mähne und die Art, wie er sich anschleicht. Das Anschleichen ist auch gleichzeitig eine gute Übung für die auditive Wahrnehmung (aus welcher Richtung kommt das Geräusch?)
	Materialien: Abbildung vom Löwen, Papierschnipsel, Karton mit unterschiedlichen Inhalten (z.B. einem rauhen Stück Teppich, einem glatten Stück PVC, etwas sehr weichem, flauschigen...)	

Fördereinheit	Vorgehen:	Förderung / Teilaspekte der Förderung:
7	Vorbereitung des Zoobesuchs Erstellen Sie ein kleines Heft, in das sie die Abbildungen von den ausgewählten Tieren einkleben oder hineinmalen.	Das Kind erhält so noch einmal einen Überblick über die kennengelernten Tiere und hat beim Zoobesuch gleichzeitig Spaß daran, die Tiere aus dem Heft wiederzufinden.
	Materialien: Abbildungen, Kleber, Malstifte *Vorbereitung:* Einfach drei oder vier leere DIN A4 Blätter nehmen, sie in der Mitte falten und mit einem Tacker zusammenheften.	
8	Der Zoobesuch. Die E. besucht mit den Kindern einen Zoo. Gemeinsam wird das Zooheft abgestempelt. Wo sehe ich was? Wie riecht es dort? Wie bewegen sich die Tiere ? Die E. macht für die Kinder Notizen im Heft, z.B. »der Affe schaukelt, isst Obst …«	Hier gehen die Kinder erstmalig weg von der Abbildung und sehen das Original. Für die Begriffsbildung ist dies sehr wichtig, da der Begriff so am besten verinnerlicht wird.
	Materialien: Zooheft	
9	Nach dem Zoobesuch schauen Sie sich noch einmal das Zooheft an. Was hat der Affe gemacht? Wie roch es bei den Elefanten? etc. Anschließend lässt sich gut das Spiel »Tiere erraten« (s.S. 16) spielen. Hierzu kann das Zoospiel noch einmal hervorgeholt werden. Wer ein Tier errät, darf einen Stein in das Gehege legen.	Versprachlichen der Erinnerung an den Ausflug Beim Beschreiben gebrauchen die Kinder die Merkmale der Tiere und erfassen somit nicht nur den Begriff, z.B. »Löwe«, sondern alles, was mit dem Löwen zusammenhängt bzw. ihn ausmacht: dicke Mähne, brüllt, scharfe Krallen, ist stark, schleicht umher… usw.
	Materialien: Zooheft und das auf Tapete aufgemalte Zoospiel	
10	Zwei oder drei Tierabbildungen werden vergrößert und zerschnitten. Das Kind soll versuchen, die Teile wieder richtig zusammen zu legen und zu benennen. Zum Abschluss der Fördereinheit kann eventuell eine Zoogeschichte vorgelesen werden.	Auf diesem Weg wird sicher gestellt, dass die richtigen Merkmale herausgefunden werden. Diese Aufgabe ist schon sehr abstrakt. Ausklang der Einheit
	Materialien: Vergrößerte Abbildungen, Schere, Kleber, eventuell Bücher	

Weitere Anregungen:
- Memory – Tiere aus fremden Ländern (käuflich erwerbbar oder selbst hergestellt)
- Puzzle von einzelnen Tieren (käuflich erwerbbar oder selbst hergestellt)
- Zootiere aus Salzteig oder Ton kneten / Freies Spiel mit Zootieren aus Plastik
- Spiel: »Tiere aus fremden Ländern« (s. S. 101)
- Spiel: »Merkmale von Tieren« (s.S. 16)

Arbeitsblatt zur Sprachförderung »Wortschatzerweiterung«
Wortfeld: Tiere im Zoo

Visualisierung: Tapete mit aufgemaltem Zoo – per Korkendruck als Spiel verbunden

Abbildungen von Zootieren

Zoo-Buch: Mögliche Titelseite

Umrisse von verschiedenen Zootieren – bitte vergrößern!

Sprache im Mittelpunkt

Anna Winner
Kleinkinder ergreifen das Wort
Sprachförderung mit Kindern von 0 bis 4 Jahren
2007, 168 Seiten, kartoniert
ISBN 978-3-589-24522-2

Werner Kany, Hermann Schöler
Fokus Sprachdiagnostik
Leitfaden zur Sprachstandsbestimmung im Kindergarten
2007, 256 Seiten, kartoniert
ISBN 978-3-589-24520-8

Sprachliche Bildung ist ein zentraler Baustein pädagogischer Arbeit. Hier stehen nun erstmals nicht nur die Dreijährigen im Mittelpunkt der Untersuchungen, sondern die Kinder zwischen 0 bis 4 Jahren. Denn ein professionelles Bewusstsein für Sprachförderung gilt es auch schon für die ganz Kleinen zu entwickeln.

Anhand von Alltagssituationen zeigt Anna Winner sehr anschaulich und äußerst liebevoll, wie auch die Kleinsten sprachlich gefördert werden können. Ausgangspunkt ist die Erkenntnis, dass Sprache nicht nur als Werkzeug für Kommunikation, sondern auch zum Denken und Fühlen dient.

Die Sprachförderung rückt zunehmend ins Bewusstsein der Öffentlichkeit. Doch wie lässt sich der Sprachentwicklungsstand von Kindern im Kindergartenalter verlässlich und zugleich behutsam bestimmen? Dieses Buch gibt Orientierung in der Vielzahl der diagnostischen Methoden.

Zunächst erläutern die Autoren Etappen des Spracherwerbs und illustrieren Sprachauffälligkeiten an Fallbeispielen – auch unter Berücksichtigung von Kindern mit unzureichenden Deutschkenntnissen. Im Mittelpunkt des Bandes stehen jedoch die diagnostischen Verfahren. Der Leitfaden hilft, diese einzuschätzen und das für die eigenen Bedürfnisse geeignete auszuwählen. Er ist damit optimal für die berufliche Praxis geeignet, auch für die Aus-, Fort- und Weiterbildung von Erzieherinnen und Erziehern.

www.cornelsen.de/
fruehe-kindheit